巴菲特给儿女的一生忠告

范毅然·编著

吉林文史出版社

前 言
PREFACE

2006年6月,世界第二富翁,被誉为"股神"的美国著名投资家沃伦·巴菲特宣布,捐出370亿美元投向慈善事业,这些财富约占其私人财富的85%。当时,《纽约时报》的一位记者问他:"您把大部分财富都捐了出去,您会给您的儿女留下什么呢?"

巴菲特说:"我已经把最珍贵的财富留给了我的儿女啊!

"儿女们小的时候,我并没有过多要求,而是让他们做自己喜欢做的事情,玩泥巴侍弄花草,听音乐唱歌,看摄影作品,在田野里疯跑,都是他们生活的内容。我所做的就是尽量使儿女们快乐,并给他们提供尽可能多的事物,让他们有更多的选择余地。我也从来没有要求过他们必须成为企业家,而是让他们选择自己喜欢的事情。

"我取得今天的成绩,很大程度上是因为我勤于思考,总结了一些规律。所以，我经常告诫儿女们要有点思考的习惯，并在勤于思考中学会善于思考。

"活着，快乐最重要，亿万财富不会给人能力和成长，反而会消磨你的激情和理想。从一定意义上讲，金钱只是一串无意义的数字，只有拥有乐观、自信、勇敢、勤于思考的性格才能收获快乐而丰富的人生，因此，可以说，我已经把我最珍贵的财富都赠送给了我的儿女们。"

尽管巴菲特的三个儿女没有继承巴菲特的衣钵成为金融界的弄潮儿，但他们都在所处的行业中取得了令自己满意的成绩。长女苏茜，成了一个基金管理人兼家庭主妇，热心于教育事业；长子霍华德，在为解决全球饥饿问题做着自己的努力；小儿子彼得，则成了获得艾美奖的音乐家。

也许，你会认为巴菲特的三个儿女没有"长江后浪推前浪"，继续"股神"的传奇，但是你不得不承认，巴菲特的儿女们并没有因为父亲的杰出而丧失个性，他们过得很开心，都获得了属于自己的幸福人生。

目 录
CONTENTS

巴菲特给儿女的人生忠告

第一章 做独一无二的自己

02 —— 忠告1 你的人生由你打造

08 —— 忠告2 兴趣是最好的老师

14 —— 忠告3 崇尚工作而非报酬

第二章 独立是成长的最高境界

21 —— 忠告4 父母不能保护你一辈子

26 —— 忠告5 独立思考，不让习惯左右你

32 —— 忠告6 独立后才能走得更远

第三章 机遇总是青睐有准备的人

41 —— 忠告7 以兴趣为选择行业的基点

48 —— 忠告 8　单纯碰运气的人往往一无所获

54 —— 忠告 9　天使蕴藏于细节之中

巴菲特给儿女的处世忠告

第四章　储存知识就是储存黄金

62 —— 忠告 1　不懂的时候"查一查"

66 —— 忠告 2　不断学习，查漏补缺

72 —— 忠告 3　知识是用来使用而不是炫耀的

第五章　找到一群值得信赖的朋友

79 —— 忠告 4　友情是生活必不可缺的调味品

85 —— 忠告 5　取人之长，补己之短

90 —— 忠告6　有的时候要会说"不"

第六章　时间是最昂贵的稀有商品

96 —— 忠告7　管理不好时间的人将一事无成

99 —— 忠告8　零星的时间同样由分秒构成

巴菲特给儿女的性格忠告

第七章　不要忽略细节的力量

106 —— 忠告1　微笑是一种微妙的砝码

110 —— 忠告2　抱怨只会让事情越来越糟

第八章　暴风雨才能使树木深深扎根

116 —— 忠告3　挫折只会磨砺勇者的心

121 —— 忠告 4　暴风雨后的彩虹最绚丽

125 —— 忠告 5　跌倒是学会走路前的必修课

第九章　信任和包容是对孪生兄弟

129 —— 忠告 6　想要成功,先要学会信任

135 —— 忠告 7　站在对方的立场上看问题

142 —— 忠告 8　不要揪住别人的错误不放

巴菲特给儿女的事业忠告

第十章　管理的最高境界是管理自己

150 —— 忠告 1　事必躬亲的优与劣

156 —— 忠告 2　疑人不用,用人不疑

161 —— 忠告3　给予你的团队最大的自由

第十一章　培养高效完成任务的习惯

168 —— 忠告4　拒绝拖延，果断的人才能把握住机会

174 —— 忠告5　与其勤奋工作，不如高效率工作

180 —— 忠告6　建立积极主动的工作态度

第十二章　浅薄无知比自卑更可怕

187 —— 忠告7　拒绝浮躁，做职场中的"大笨象"

194 —— 忠告8　眼睛总看着天的人一无所成

200 —— 忠告9　稳中求生，稳中求胜

巴菲特给儿女的财富忠告

第十三章　拒绝为不良消费习惯埋单

208 —— 忠告 1　攀比是一种毒药

214 —— 忠告 2　辛苦得来的果实,不要一口气把它吃完

220 —— 忠告 3　别混淆了"需要"和"想要"的关系

第十四章　别依靠预支来生活

227 —— 忠告 4　依赖信用卡是种病

233 —— 忠告 5　借钱生钱不可信

239 —— 忠告 6　在自己能力范围内生活

巴菲特给儿女的人生忠告

第一章 做独一无二的自己

※忠告1 你的人生由你打造

"要去自己要去的地方而不是自己现在所在的地方。"

巴菲特夫妇在教育子女方面目标非常明确,他们希望孩子能够做出自己的选择,在所做的每件事中,都留下属于自己的特殊印记。

巴菲特告诉孩子:"你的人生由你打造。"职位、地位或财富潜力并不重要,重要的是活出自己的风采,活得开心和快乐。所以他的大女儿成了一位投身教育事业的家庭主妇;长子霍华德经营着一家农场还兼职做摄影师;而小儿子彼得则选择了音乐之路。他们没有一个人"子承父业",进军金融界!

世界上没有两片相同的树叶,人不能两次踏入同一条河流。每个人的一辈子都有不同的过法,有的轰轰烈烈,流芳千古,有的平平淡淡,只在自己家人、朋友脑海里划下一道符号。选择的钥匙就在你手里,你决定自己的路往何方。

"什么?你要退学?"

"是的，妈妈，我想经营一座农场。"

当霍华德向母亲提出这个埋藏在自己心底多年的想法时，巴菲特夫人苏珊非常诧异，因为无论在什么社会，读完书再工作已经成为一条铁律。她决定和丈夫巴菲特商量一下再说。

一向对子女进行宽松教育的巴菲特，也开始犹豫了，他不知道这是霍华德一时的冲动还是深思熟虑的结果，他必须先弄清楚这个问题。在一个夜晚，巴菲特找霍华德好好地谈了一次。原来霍华德自小就羡慕那种田园生活，希望在一片土地上播种希望，收获梦想。看到儿子讲起农场时发亮的眼睛，巴菲特不禁想起了年轻时候的自己。

巴菲特很小的时候就对经济产生了浓郁的兴趣，满脑子都是如何做生意。他5岁时就摆地摊兜售口香糖，稍大后就带领小伙伴到球场捡用过的高尔夫球，然后转手倒卖，生意颇为红火。上中学时，除利用课余时间做报童外，他还与伙伴合伙将弹子球游戏机出租给理发店老板，挣取外快。当读到价值投资鼻祖格雷厄姆的《聪明的投资者》一书时，他就像一个迷茫的信徒受到神的指引一样，一下子顿悟，并不断学习，最终成就了自己的事业。

想到这里，巴菲特语重心长地告诉霍华德，人的能力有时候并不需要学校的一张毕业证书来证明，读大学也并不是所有人的必经之路，所以他不反对儿子的退学决定。不过开农场不是像喝水吃饭这么简单，如果开农场真的是儿子的梦想，退学也无可厚非，但如果这只是霍华德一时兴起，那么退学将成为他人生永远的痛。

人生在世，不如意者十常八九。但一个人被迫从事自己不喜欢的事，绝对是最大的痛苦。不管别人的看法如何，你的生活都是自己经历，都是自己感受。只有过上你自己喜欢的人生，你才能创造性地把它做好，你的主动性会不知不觉地发挥出来，你会享受自己的人生旅途，大部分人之所以过得不快乐，就是因为他们是为别人而活，他们的人生是被别人设计的。

　　所以巴菲特还是赞成儿子自己的选择，只要他能够完全把握好这件事的得失。不过霍华德毕竟以前没有开过农场，也许好好经营一块土地对那些从小就和泥土打交道的农夫来说，实在是一件简单得不能再简单的事情，但对于他来说，就有理想和现实的差距了。当巴菲特在大学学习投资方面的内容时，有同学问他到底一天花多少时间来准备功课，巴菲特回答说他无法精确知道自己花了多少时间，因为他一直在读书、温习功课，他认为"我已经准备得足够好了"这种事是对自己不负责任，天上不会无缘无故地掉下馅饼，任何事情都需要你去准备和了解。巴菲特把这个道理告诉了霍华德：要想实现自己这个梦想，必须付出极大的努力和艰辛。

　　于是霍华德卖了祖父给他的股票，买了一台推土机，开始务农。他按市价向父亲租用了一家农场，尝试协助农民生产更多的农作物。后来他更远赴非洲，致力于一场对抗贫穷与饥饿的战争。他最雄心勃勃的计划是，让非洲农民能够免费使用抗旱玉米生物科技。

　　真正的爱，不是约束，不是占有，而是让对方过得更好。在孩子们还非常小的时候，巴菲特就对他们进行宽松的教育，让他们喜欢什么就玩什么，他所做的就是让孩子们不接触毒品等那些真正伤害人一辈子的事物，因为人是社会动物，如果违背伦理道德，违背法律民风而追求自己的"个性"，终究会误人误己。他不因为自己的好恶左右孩子们的判断，他更多的时候只是一个守卫者，而不是一个领路者。要想孩子们一生过得灿烂和充实，就必须让他们充分发挥自己的潜力，做自己喜欢的事情。

无独有偶，还有不少成功人士抱有和巴菲特一样的想法。大名鼎鼎的纽约市市长、"彭博资讯"创始人迈克尔·布隆伯格就是个典型的例子。乔治娜是布隆伯格最小的女儿，她不想进军商界和政界，而是喜欢体育。2003年，她在北美青年马术锦标赛上夺得人生第一块个人金牌，并准备进军2012年伦敦奥运会。乔治娜多数时候和母亲住在纽约北部小镇的马场里，她在那里苦心练习马术，但付出的代价也很大：背部受伤，锁骨两处骨折，还曾摔成脑震荡。她的自立顽强让她荣登福布斯"最迷人的亿万富豪千金"排行榜。

保·特纳在美国是一位颇有影响力的环保人士，然而他的父亲比他的名气更大：CNN创始人、前总裁泰德·特纳，福布斯财富榜上有名的亿万富翁，同样，父亲也没有强迫他子承父业，去新闻界或者商界大展拳脚，而是尊重了他自己的意见。保·特纳成立了"特纳青年环保中心"，旨在培养年轻人的户外生存技能，向他们灌输尊重自然的意识，然后教会他们有关生态系统的知识。《纽约时报》将保·特纳称为美国最有影响力的环保人士。

"老甲壳虫"之女斯特拉·麦卡特尼也是一个例子，12年前当斯特拉从伦敦的中央圣·马丁艺术与设计学院毕业的时候，斯特拉不过是人们眼中另一个明星大腕的女儿罢了，但经过多年的努力，她现在的身份已然是享誉世界时装界的先锋人物。

出道后，她曾为一家著名时装公司设计了两款时装系列，在此之后便坐上了这家时装公司创意总监的宝座，当时她只有25岁。有传闻说，斯特拉在Chloé时装屋的前辈卡尔·拉格菲尔德对此曾做过这样的评价："这家时装公司应该向大人物伸出邀请之手。他们确实是这样做的，我希望斯特拉能够像她的父亲一样才华横溢。"

霍华德最终通过努力证明了自己的决定是正确的，几年以后，同样的情况再次发生，巴菲特的小儿子彼得也决定从斯坦福大学退学，从事自己喜欢的音乐事业。彼得后来说："我的父母总是鼓励我去找寻自己的幸福，我可以做自己喜欢的任何事情，他们在这一点上很真诚，但这是他们的真实想法吗？父母对孩子寄予着他们自己的喜好和梦想，这难道不是朴素的人性吗？如果我选择音乐这个前途未卜的非主流行业，我会让他们失望吗？如果我选择一个与学历无关的领域，会不会浪费了斯坦福大学的优越教育机会呢？"

巴菲特没有让自己的孩子失望，在听取彼得详细的规划以后，他又一次支持了孩子的决定。他对彼得说："彼得，你知道吗？你和我其实在做同一件事情，音乐是你的画布，伯克希尔·哈撒韦公司是我的画布，我每天都在上面画上几笔。"

父亲的事业如此成功，却把自己的工作和彼得的音乐事业相提并论，这让彼得非常感动，也更加尊重父亲，父亲能承认他也在全力追寻自己选择的人生，这就是对自己最大的肯定。

　　果然，经过数十年的钻研，彼得成为一名优秀的音乐人，他推出了多张音乐专辑，获得无数荣誉，他在自己的人生画布上画出了精妙绝伦的图案。

　　巴菲特在投资领域享受了人生的快乐和趣味，同样，他的子女们也在各自的领域发挥着自己的特长与技能。人生其实就是一条长长的跑道，我们都在上面奔跑，每个人的选择不一样，你所看见的风景也就不一样，找准自己真正热爱的事业，并全身心地投入进去，你会在彩虹的尽头找到金子。

　　你的人生由你打造，做独一无二的自己，抒写你不可复制的故事吧！

≫ 编者手记 ≪

　　父母教育孩子的时候最喜欢挂在嘴边的一句话就是："这是为了你好。"殊不知，真正地为子女好，就是给他们选择的自由。

　　子女在某种程度上是父母的影子，所以很多父母把自己的理想设置成孩子们的梦想，当孩子们无法选择自己的生活时，他们就如同鸟笼里的小鸟，永远不会快乐和自由。

　　让孩子们找到自己的兴趣，寻找到自己的方向，把成才的钥匙握在自己的手中，而家长只需给他们提供帮助和支持，这样就可以让很多孩子实现自己的梦想——说不定，你家的孩子，就是下一个郎朗，或者下一个马克·扎克伯格呢。

※忠告2 兴趣是最好的老师

"抛开其他因素，如果你单纯缘于高兴而做一项工作，那么这就是你应该做的工作，你会学到很多东西。"

在巴菲特成为世界上首屈一指的大富豪以后，不少人开始探究他的成长历程，希望找到他成功的秘诀。

巴菲特出生在奥马哈这座普普通通的城市里，他的祖父是一位小商品经营者，他的父亲则是一位名不见经传的银行工作人员，可以说，他的出身是极其普通的，但并没有人强迫幼年的巴菲特去打工养家，他所有赚钱的想法完全是出于自己的爱好。

巴菲特小时候的第一个玩具，也是他最喜欢的玩具之一，就是一个绑在手腕上的金属货币兑换器。"他非常喜欢这个玩具。"他的姐姐，多丽丝·布赖恩特夫人回忆道。

在还是小孩子时，巴菲特就对数字特别敏感。他常与小伙伴们这样消磨整个下午时间：俯瞰着繁忙的路口，记录下来来往往的车辆牌照号码。暮色降临以后，他们就回到屋里，展开《世界先驱报》，计算每个字母在上面出现的次数，在草纸上密密麻麻地写满变化的数字。就像一个心情愉快的卖冰淇淋的人一样，巴菲特喜欢四处走动兑换零钱，他对兑换零钱的过程和拥有金钱的感觉非常着迷。做数学计算题，特别是涉及用极快的速度计算复利利息，是他从儿童时期就非常喜欢全心投入的一种消遣娱乐方式。

年轻的巴菲特第一宗真正的生意是在软饮料行业，他母亲回忆说，当她的儿子第一次对自由企业产生兴趣时，还只是一个年仅6岁的孩子。他的冒险行为包括做一个卖可口可乐的小商贩。"那时我们住在爱荷华州的奥克波基湖。沃伦花25美分买了一个装有六瓶可乐的手提式厚纸板箱，他每瓶可乐卖5美分。沃伦对数字非常着迷，涉及赚钱的数字时更是如此。"巴菲特夫人回忆说。后来在他整个经商过程中，他的利润率一直保持在20%。这就是他能成为身价几十亿的富翁的原因。

巴菲特还从他祖父在奥马哈经营的杂货店里购买可乐，然后再卖给邻居们。在1989年伯克希尔公司的年度报告中，巴菲特写道："我相信我是在1935年或1936年开始卖可口可乐的，确切地说，应该是在1936年。我以每箱25美分的价钱在爷爷的杂货店购买可乐，然后以每瓶5美分的价钱在附近兜售。这种高利润的零售方式使我及时注意到非同寻常的消费者的吸引力和这种产品的商机。"

10岁时，巴菲特最喜欢卖的软饮料是百事可乐。就像他跟马萨诸塞州北安杜佛镇的伯克希尔公司的股东保罗·卡西迪解释的那样，"我是在1940年开始卖百事可乐的，因为那时每瓶百事可乐的容量是12盎司，而可口可乐却只有6盎司，但是，两种可乐的售价是相同的。那是一个非常有说服力的理由。"而后，巴菲特开始在他父亲的经纪人业务办公室里做些像张贴有价证券的价格以及填写有关股票及债券的文件等工作。

到了11岁时，小巴菲特开始小规模地购买股票：他以每股38美元的价格，购买了3股受欢迎的城市服务股票，当时，这就是他的资本净值。小巴菲特还说服他的姐姐多丽丝和他一起投资。

随着年龄的增长，巴菲特对股票市场的痴迷有增无减，他开始绘制股票市场价格升降的图表。"我对和数字与金钱相关的任何事情都非常感兴趣。"后来巴菲特把股票市场价格的升降图表和大多数偏离对公司做出基本分析的东西都叫作"小鸡走路的痕迹"。

在接受《福布斯》杂志采访时，巴菲特曾说，"从我11岁时就对股票非常感兴趣，那时，我在哈里斯·尤浦汉姆公司打工，负责在木板上做标记，我父亲是那里的股票经纪人。我负责全面工作，从股市行情提示到制图资料，所有的一切。当做完这一切后，我就拿起格雷厄姆的《证券分析》来读，阅读这本书就好像是在茫茫黑夜看到了来自远处的灯光。"

在大学毕业后，对股市无限痴迷的巴菲特恨不得马上就给偶像格雷厄姆干活。由于巴菲特当时还默默无名，格雷厄姆开始拒绝了他的请求。但巴菲特总是不停地"骚扰"他，同时巴菲特自己也卖了3年的证券，其间从不间断地给格雷厄姆写信，聊他自己的想法。

巴菲特的执着以及专业，最终打动了格雷厄姆，巴菲特因此为格雷厄姆工作了几年,那几年为巴菲特积累了非常有益的经验,并让他对自己的投资之道有了一个系统的思考。

巴菲特说:"我总是做我热爱的工作。抛开其他因素,如果你单纯地因为高兴而做一项工作,那么那就是你应该做的工作。你会学到很多东西,工作起来也会觉得有无穷的乐趣。可能你将来会变。但是做你热爱的工作,你会从工作中得到很多很多。刚开始的工作多寡无足轻重。

"如果你认为得到两个X比得到一个让你更开心,你可能就要犯错了。重要的是发现生活的真谛,做你喜欢做的。如果你认为得到10个或20个X是你一切生活的答案,那么你就会去借钱,做些短视以及不可理喻的事情。多年以后,不可避免地,你会为你的所作所为而后悔。"

巴菲特成功的秘诀就在于他从事了自己喜欢的职业,只有你喜欢一件事情,你才能深入地探求和思考,也才能得到理想的收获。"要做自己喜欢的事情,成功就会随之而来。"

巴菲特的小儿子彼得很小的时候,就非常喜欢音乐。有一次,他邀请了一个名叫黛安娜的小朋友来家里玩,他在他们家的壁炉前为这个小女孩献上一首小夜曲,并唱着保罗·安卡的歌,"噢,请留下来陪我,黛安娜!"

在彼得5岁的时候,甲壳虫乐队首次亮相,小彼得被彻底震撼了,于是和其他数以百万的家庭一样,巴菲特一家也跑到当地百货商店购买了一张维杰唱片公司发行的《介绍甲壳虫乐队》,很快,小彼得就陶醉其中，他学着约翰·列侬弯曲膝盖，还模仿保罗·麦科特尼在唱他的代表句"yeah, yeah, yeah"时伸脖子的动作，他不停地听着这张专辑，以至于唱针最后都断了，小彼得于是用母亲的缝纫针来替换唱针，继续听了起来！

大学二年级时的第一个晚上，彼得的朋友邀请他去听一个吉他手的演奏，没有华丽的指法，没有为表演而表演的技巧，但是他的音乐走进了彼得的内心深处。彼得忽然明白：这就是音乐，而他完全可以做到！

于是彼得在一种狂热的状态下创作乐曲，他写了两首歌，然后打开录音机，开始叠录其他部分，他边听边写，边试边删，他希望自己的音乐能够摆脱浮华和张扬，变成真正能抵达人灵魂本质的东西。第二天，彼得的一个朋友开车接他去沙滩玩，于是他带着自己新录制的这盘磁带在路上听，他经历了一生中最奇妙、最震撼的感觉——他被一种由责任和狂喜混合而成的引力，像钉子一样被钉在了座位上。

按彼得自己的话说"在那段短暂的行车旅途中，通过土褐色的二手本田扬声器，我听到了自己的未来"。

可以说，音乐一开始就选择了彼得，可是彼得到最后才选择了音乐，彼得对音乐无穷的兴趣最终使他成为一位成功的音乐人。2008年，彼得在佩利媒体中心位于纽约和洛杉矶的分会场进行演出，巴菲特不仅出席了演唱会，还加入了彼得的演出中，他带来了那把小有名气的夏威夷吉他，在一曲《她是不是很甜美》的激情演奏之后，巴菲特告诉观众他来这里"是为了看看我在钢琴课投资中获得的回报"，这一席话，逗得观众哄堂大笑。

爱因斯坦有句名言："兴趣是最好的老师。"古人亦云："知之者不如好之者，好知者不如乐之者。"兴趣对学习有着神奇的内驱动作用，能变无效为有效，化低效为高效。不少名人也都是从自己喜欢的事情开始，最后取得了令人羡慕的成绩。

从事我们真正感兴趣的事情，是我们人生的开始。也许你的兴趣所在不能带给你显赫的地位、殷实的收入，但它能让你快乐。

》》》编者手记《《《

兴趣是我们从事任何事业热情的源泉。

说起篮球，大家都会想到姚明。他在9岁的时候才开始对篮球感兴趣，而到12岁时，他已经非常喜欢篮球这项运动了，并表现出极大的天赋，后来父母把他送到上海体育学院，他在那里每天都要打几个小时的篮球。由于姚明住校，离家的路途比较遥远，这使得他有更多的时间打篮球，也因此对篮球越发专注了。最后姚明凭借自己出色的球技，远赴NBA，成了国人的骄傲。

相比之下，很多人一提起上班就无精打采，到了公司或单位也浑浑噩噩，无所事事。这又是为什么？因为他们没找到自己热爱的职业，他们的兴趣完全不在上面。

人生其实就是匆匆几十载，为什么要活得麻木而且痛苦，而不选择开心和快乐呢？大多数人都没有找到自己的兴趣所在。选择权其实掌握在你手里,只不过你被太多的包袱压得喘不过气而牺牲了自己的选择权!是的,我们生活中有太多的"被迫",你还希望你的孩子也过这种生活吗?各种多如牛毛的"兴趣班",做不完的"课外作业"……让你的孩子真正选择自己喜欢的"兴趣班",过得愉快而惬意吧!这才是真正地爱孩子。

※忠告3 崇尚工作而非报酬

"吸引我从事工作的原因之一是,它可以让你过你自己想过的生活。你没有必要为成功而打扮。"

巴菲特曾说:"现实是,工业社会的逐利性使我们认为,努力挣钱,再花钱买到你很少用到的东西,你就会得到满足,但你从中永远得不到快乐。多即是好的概念使我们成为金钱的奴隶,何不尝试一下少即是多呢?你会从中找到另一番天地。"

到底是一份你喜欢的工作重要,还是一份可观的薪水重要?

也许苏茜、霍华德、彼得最有权利回答这个问题,因为他们只要愿意,他们就可以在华尔街大显身手,在父亲的帮助和指点下轻松地赚取大量的真金白银。然而,这些在别人眼里唾手可得的机会却被他们放弃了,是他们不差钱,还是已经过上了极其富庶的生活?

答案又是否定的，苏茜很多时候需要自己打工才能买上一两件"奢侈"的衣服；霍华德办农场找父亲借钱，还得给父亲支付和银行一样的利息；而彼得干脆直接向银行借贷买房子！

原来，巴菲特家族有独特的价值观——崇尚工作而非报酬。

首先，崇尚工作并不是很多人的错误理解。有些人认为，良好的工作态度就是每天加班加点地拼命工作，即使他对这份工作毫无激情，甚至心生厌恶，按照上述思路，单纯的努力、压制自己的喜好和时间上的付出，都算得上是基本的美德。

但这些根本不是美德，只不过是自己在折磨自己罢了！或者毫不客气地说，这是惰性和缺乏想象力的表现。为什么你不腾出一些时间和精力来干自己真正喜欢的事情，或者下定决心换一份自己喜爱的工作呢？

巴菲特告诉孩子们：良好的工作态度，首先就在于发掘自我。当你从事一份自己喜欢的工作时，不管工作多么艰辛，多么劳累，你都会有一种开荒的快感，甚至产生一种完成任务的神圣感。

在孩子们的回忆里，父亲巴菲特大多数时候都是在家里工作。他会长时间待在书房里研究大量深奥的书籍。"后来我才知道，他读的是《价值线》和《穆迪投资》——数以千计的公司及其股票的统计分析等内容。"即使巴菲特研究的都是看起来很枯燥的课题，但他依然全神贯注，心无旁骛。就像彼得所说："他在研究那些内容的时候，可以轻松达到类似犹太祭师研究卡巴拉圣典或是佛教僧人深思禅经那样的境界。"

巴菲特说，这些在外人眼里乏味到极点的工作，为什么他自己能保持如此源源不断的激情？首先，他从不为钱而工作，虽然最后他也获得了金钱，但这是工作的副产品——对巴菲特投资才华的肯定。工作的真正实质是：激发他无穷的好奇心，验证他对实际业绩的预测能力，体验挖掘价值和新机遇的可能性。

巴菲特认为，崇尚工作报酬而非工作本身所带来的一个问题就是，报酬随时有可能被人夺走。有些人在谈论对待财富的态度的时候，会认为他们是在谈论工作态度。他们声称自己非常看重勤勉、自律和毅力，但他们并非真正推崇这些素质。他们真正推崇的是这些素质带来的财富。他们崇尚的是收益，而非过程。

但凡经历过经济危机的人，都知道你获得金钱的机会很容易被人偷走。假如有人在自身无错的情况下公司倒闭了，那是否就能由此推断：他前一天很成功后一天很失败呢？假如有杰出的企业家，因为国际大环境的动荡失手，是否就因此认定他已经一无是处了呢？

巴菲特曾经碰到过一个名校毕业的学生，他的成绩不错，人也很聪明。巴菲特问他："下一步你打算做些什么？"他回答说："可能继续读个MBA吧，然后去华尔街的大公司，简历上看着漂亮点儿，钱也能挣到更多些。"

"那么你就不想出去旅游或者找个女朋友吗？而且据我观察，你对金融投资什么的一点都不感兴趣。"

"我倒是想去非洲拍摄下野生动物，可是，您知道，我需要更多的钱来生活。"

巴菲特给他的意见是:"等一下,你才这么年轻,你做了这么多事情,你的简历比我看到过的最好的还要强十倍,现在你要再找一个你不喜欢的工作,你不觉得这就好像是把黄金埋进土壤里吗?而且你已经挣得不少了,你应该选择你真正热爱的行业。"巴菲特给他的告诫是,不要只是因为让自己的简历看上去风光无限而去做一些自己不喜欢的事情,选择那些自己热爱的工作才是最重要的。

所以我们要常常问问自己:我们为什么要工作?工作到底意味着什么?我们每天日出而作、日落而息,一周五天连轴转,有时周末都要用来加班,究竟值不值得呢?无论是刚走出校门踏进职场的学生,还是已在职场打拼多年的"上班族",都会被这类问题所困扰。如果不把这些问题想清楚,我们便无法集中精力工作,以致在职业的道路上步履维艰。只有对此有了充分的认识,获得了完美的解答,我们才能信心满怀地奋然前行。

事实上,古今中外大凡卓有贡献的人无不对此问题有着深刻的认识。正是领悟了工作的真谛所在,这些人才迸发出超乎常人的热情,正是在正确的工作观的激励和引导下,才取得了超越常人的卓越成就。所以,每个参加工作的人,首先必须对工作有一个正确的认识;想从平庸走向卓越的人,尤其要对此有深刻的理解。因为只有正确的工作观才会使人产生持久而强大的工作热情,正确的工作观是成功路上的指路明灯。

大凡有所成就的人,都不把薪水作为主要目的,而是把工作当作自身进步的阶梯。

英国著名科学家法拉第想进皇家科学院工作，知情人告诉他："在那里，工作是十分劳累的，报酬却很少。"法拉第毫不在乎地说："工作本身就是一种报酬。"总而言之，你是在为自己工作。在工作中，不断丰富自己、提高自己最为重要，薪水不是主要目标，发展才是工作之本，成功才是终极目标。

美国著名作家阿尔伯特·哈伯德说："工作所给你的，要比你为它付出得更多。如果你将工作视为一种积极的学习体验，那么，每一项工作中都包含着许多个人成长的机会。"一个人如果总是为自己到底能拿多少工资而大伤脑筋的话，他是看不到工资背后的成长机会的，当然也不会重视自己从工作中获得的技能和经验。事实上，决定他未来发展的恰恰是这些技能经验和成长的机会，而不是现在他可以拿到多少薪水。

卓越的人士都具备这样一种认识，在工作中他们都更加看重自己所做的工作能给自己带来什么成长和机会，能否实现自己的人生抱负，而不是关注自己能挣多少钱。因为他们知道：从长远来看，获得挣钱的本领比挣钱本身更重要。正是这种正确的认识，使得他们能够比同职位的其他人成长得更快，也将更早获得成功。

工作不仅是挣钱的一个职业，也是一个实现自我价值和个人爱好的平台。实际上，我们每个人的能力与价值都需要通过工作才能体现出来，在工作中获得完善和提高。哪怕你是旷世奇才，没有了工作的平台，你的才能也只能储存在体内而不能发光。工作可以使我们释放能量，让我们体验到实现自身价值的满足感。所以说，工作就是一个人实现自我价值的舞台。

巴菲特用自己的行动感染了孩子们，彼得依然记得，当年，身穿卡其布裤子和破毛衣的父亲在书房里踱步，脸上带着一种近乎圣洁的平静表情，他说自己被深深地震撼了。这就是真正的快乐，工作的快乐。或许，从那个时候开始，父亲就在他心头埋下了一颗种子，让他一路奔向自己所钟爱的音乐事业。"他从来不教导我什么，他希望我学习的，都是用他自己的行动表现出来的。"

生命本很短暂，我们工作、奋斗正是为了实现自我价值，能够把自己的才华淋漓尽致地发挥出来。如果把金钱当作唯一的指标，这样的生活是乏味而缺乏激情的，我们完全可以站得更高，看得更远，从更加高深的层面来看待问题。崇尚工作，而非报酬，让有限的生命发出璀璨的光芒。

》》编者手记《《

很多科学家都是为了实现自己的人生价值而工作，比如爱因斯坦。

为了避免耗费人生有限的时光，爱因斯坦善于根据目标的需要进行学习，使有限的精力得到了充分的利用。他创造了高效率的定向选学法，即在学习中找出能把自己的知识引导到深处的东西，抛弃使自己头脑负担过重和会把自己诱离要点的一切东西，从而使他集中力量和智慧攻克选定的目标。

1952年,以色列国鉴于爱因斯坦科学成就卓越,声望颇高,加上他又是犹太人,当该国第一任总统魏兹曼逝世后,邀请他接受总统职务,他却婉言谢绝了,并坦然承认自己不适合担任这一职务。

但看现在不少人,他们工作和研究的唯一目的就是赚钱或者获取权力与地位,我们是否也该思考一下自己真正学习的目的呢?

第二章　独立是成长的最高境界

※忠告4　父母不能保护你一辈子

"父母是孩子们的引路人，而不是保姆。"

很多父母觉得爱孩子就要给孩子幸福，于是，父母对孩子关怀备至，唯恐委屈他们，从物质到精神，只要孩子需要立刻满足。尽管孩子吃穿不愁，可是物质上的满足并不会给孩子带来多少幸福感，孩子只有在成长的过程中，通过自己的努力克服生活中遇到的困难，取得成功，才是真正的满足和幸福。

父母不可能一辈子都在孩子身边，终有一天，父母会老去，而孩子们又会成为新的父辈，这是时代的传承，历史的规律。也许依赖是每个孩子成长过程中必须经历的一个阶段，在这个阶段，孩子一方面想独立自主，不希望父母对他的行动加以干涉；另一方面又特别依赖父母的爱和关注。但是当孩子有了自立能力以后，家长必须放权，让孩子自尊自爱。

巴菲特的女儿苏茜很小的时候，就开始自己打工赚钱了，她送过外卖，还当过报童。早早地参加社会实践，让苏茜对经济问题可谓是"斤斤计较"，不过这种生活让她活得自在，她曾经表示"我父亲没有给我太多的钱，他只是告诉我，你做什么也许能赚着钱"，巴菲特给孩子们提供更多的建议和意见，而不是用翅膀把自己的孩子紧紧地聚拢在身边。

后来，苏茜运作基金会，在儿童保障和教育方面积极努力，去过很多发展中国家，她表示："在这么多年的教育工作中，我发现很多孩子的自立能力是比较差的，有些连基本的生活自理能力都没有，从小到大没洗过一次衣服，没做过一点家务，甚至每天上学放学还要父母接送，一遇到什么事情，自己一点主见也没有，总是想着依靠父母、老师或者其他人。这样的孩子不仅缺乏独立生活的能力，而且在心智上也很不成熟，以后长大了很容易成为'啃老族'。"

从小就摆脱温室教育的苏茜显然对父母的这些教育方法感到疑惑。她认为，尊重孩子，理解孩子，就应该让他们自己做主。这些发展中国家不少家庭都是大人围着孩子转，父母把自己的想法直接实施到孩子身上，让孩子沿着父母设计好的成长轨道一步一步前进。是的，苏茜承认，在西方，父母也需要在某些情况下对孩子的行为进行限制，比如一些危险动作，或者犯罪行为，但是如果确保安全的情况下，父母还是需要放手让孩子自己做主，不管这些做法多么稀奇古怪不可思议，要让孩子亲手执行决定的过程，让孩子在实践中成长。

另外，培养孩子的独立能力，不是家长单方面的教育过程，而是与孩子互动的过程。通过与孩子的谈话、交流、沟通，更加尊重、理解、信任孩子，坚信孩子能形成独立的思想和独立的人格，以平等的态度对待孩子，给孩子自由成长的空间，让孩子健康茁壮地成长。

巴菲特一直没把自己当成孩子们的保姆或者温室，他只是一个引路人而已，教会孩子们看清人生的方向以及掌握谋生的技能。

我们总是想着要成功，要成为一个卓越的人，可是你有没有想过，你要怎样才能实现自己的目标呢？倘若连最基本的自理自立能力都没有，又何谈成功、何谈卓越呢？在巴菲特看来，每个人都像是一个小宇宙，蕴藏着无穷的能量，一旦爆发，可能就会改变自己甚至世界的未来。不过遗憾的是，很多人并没有发掘到自己的小宇宙，他们还不能及时认识自己、发掘自己，甚至还没有完全摆脱对父母、对身边人的依赖。从另一个方面来看，青少年之所以有很强的依赖性，其中很重要的一个原因就是没能很好地发现和利用自己的能量。可是，我们的潜能就像是一座深埋在地下的矿藏，如果你不去挖掘，不好好利用的话，永远无法实现它的价值，因此，我们就必须挖掘出自己的潜能，爆发出潜在的巨大的能量。

放眼中国，很多"80后""90后"都是独生子女，是家里众星捧月的宝贝。虽然很多人都会做一些力所能及的事情，也能管理好自己的东西，但是在规划自己的生活方面还是有些问题的。

曾经有位父亲说，他的宝贝儿子已经上初一了，可还总是睡懒觉。每天早晨都要父母三番五次地催他起床，他还总是磨磨蹭蹭赖着不起，但如果真迟到了，他又会埋怨父母不想办法把他拽起来，害得他被老师批评。有什么好的解决方法呢？

其实上学是孩子自己的事，家长以后可以试着放手别管孩子，让他自主安排起床时间，如果他再迟到就是他自己的事。孩子大了，他懂得会对自己的行为负责的。家长应该回去告诉孩子："你已经这么大了，从明天早晨开始，我们不再提醒你起床了，该几点起来你自己设好闹钟，如果闹钟响了你还赖床，我们也不会叫你，迟到了你也要自己负责。"

许多人在自己家人面前总是表现出爱撒娇和蛮横的一面，但是在其他人，尤其是老师和同学面前还是很在乎自己的形象的。不过，如果很多事情我们不亲自去做，而是只想着依赖和相信别人的话，那么时间一长，就很容易丧失自理自立的能力。

在日常生活中，理智清醒的父母绝对不会让孩子闲在一边，自己却包揽一切，他们会让孩子做自己能做的事，让孩子学会独立。有教育家提出"凡是儿童自己能做的事，应该让他自己做，凡是儿童自己能想的，应该让他自己想"。

巴菲特的小孙女4岁的时候，有一天弯腰费力地系鞋带，一个邻居看见后准备去帮一下这个可爱的小孩子，不料这个孩子用脆生生的童声回答说，"你知道我多大了吗？""不知道，但我想你还小。""我已经不小了！我都4岁了！"巴菲特家族特别注重独立自主意识的培养，孩子的意思是她已经长大了，这种系鞋带的小事不需要别人帮助，自己就可以完成。

　　社会在不断地进步和发展，要求每个人必须具有健全的人格，强烈的自尊心和自信心，只有具备独立自主的意识，才能经受人生的挫折，才能符合现代社会选拔人才的起码标准，否则，即使智力超群，也可能会被激烈的竞争无情地淘汰。因此，爱孩子的父母，就应该学会让孩子做自己的事情，引导孩子学习，掌握独立自主的能力，只有这样，将来父母老去，孩子独自面对生活的时候，才能保持头脑清醒，灵活应对；面对千难万苦时，他们才能意志坚定，百折不挠。

　　自理自立是青少年成长和发展的首要前提，也是他们迈向卓越的第一步。缺乏自立能力的人，即使品学再好，也很难成为自己命运的主人。这样的人，就像温室里的花朵，经不起一点风雨，只能等着别人来催化成长，却无法真正成熟起来。

　　其实，自理自立真的很简单，培养这方面的能力只需要从身边的一些小事做起，例如，主动整理自己的物品、自己的衣服自己洗、为自己做一份学习计划等。要相信自己，只要你肯去做，并且坚持下去，就一定能够做到。

　　巴菲特的女儿苏茜认为，每个人的自身就像是一个充满能量亟待爆发的小宇宙，倘若连最基本的自理自立能力都没有，那么你就无法实现自我独立，也就无法让自己的能量适时爆发，只能由着别人的推动来前进，而一旦你将自理自立的想法付诸行动，你就会发现自己充满了能量。要记住，我们只有及早学会自理自立，学会安排生活，才可以在一个自主的空间舒适地生活，才能在遇到困难时调动自己的能量妥善解决问题，才能做一颗能自由运行的"小行星"。

>>> 编者手记 <<<

在我的生活中，看到太多的父母包办主义，孩子只需专心读圣贤书，其他什么都不用管。可是，孩子终有一天要离开父母的庇护，拥有自己的生活。所以家长应该尽早教会孩子独立，让他们用自己的头脑和眼睛认识世界，从精神上给孩子"断奶"，斩断孩子对父母的过度依赖心理。

给孩子金山银山，不如教会他们一门谋生的技能。每位家长都希望自己的孩子能出人头地，赢得世人尊重，但是如果不让孩子早当家，早早进入社会，他们就会像玻璃一样易碎。所以，从现在开始，给你的孩子安上翅膀，让他们独立飞翔吧！

※忠告5 独立思考，不让习惯左右你

"习惯的链条在重到断裂之前，它轻得难以察觉。"

巴菲特到西雅图华盛顿大学作演讲，当有学生请他谈谈致富之道时，巴菲特说："习惯就是力量。"巴菲特曾经对"习惯"做过

非常恰当的论述。他认为:"在公司中,令我最惊讶的发现是一种我们称之为'习惯的需要'——这种压倒一切的、看不见的力量的存在。在商学院里,我从不知道这种东西的存在,而且在我进入商界时,我还不能直观地理解它。那时候我想,正派的、聪明的而且富有经验的管理人员会自动地做出理性的业务决策。但是,长期以来,我意识到事实并非如此。相反,当'习惯的需要'起作用时,理性之花屡屡枯萎凋谢。"

巴菲特曾经讲过这样一个故事:

教士问:"有两个犹太人从高大的烟囱里掉下去,一个满身脏,一个很干净,谁会去洗身子呢?"

年轻人说:"当然是满身脏的人!"

教士说:"你错了!满身脏的人看着很干净的人想:我身上一定也是干净的;很干净的人看着满身脏的人想:我一定也是满身脏的。所以,是很干净的人去洗身子!"

教士接着问:"两个人后来又掉进高大的烟囱,谁会去洗身子呢?"

年轻人说:"当然是那个很干净的人!"

教士说:"你又错了!很干净的人在洗澡时,发现自己并不脏;而那个满身脏的人则相反。他明白了那位干净的人为什么要洗澡,所以这次他跑去洗了。"

教士再问:"第三次从烟囱掉下去,谁又会去洗澡呢?"

年轻人说:"当然还是那脏身子的人。"

教士说:"你又错了!你见过两个人从同一个烟囱掉下去,其中一个干净,一个脏的吗?"

巴菲特认为不会独立思考,被自己习惯或者社会陋习左右的人是不值得尊敬的,真正的领导者一定是陈规陋习的粉碎者。一个不会独立思考的人,没有自己想法的人,无论多么有才干,都只是一个追随者而不是领导者。无所畏惧和创新是所有开拓者的共同特征。

那些为人类文明的进步开辟新路的人,也历来都是陈腐惯例的粉碎者,他们总是相信自己的观点,独立思考,不怕被孤立,他们有勇气涉足尚无人迹的荒野,也敢于成为第一个吃螃蟹的人。

巴菲特鼓励人们独立思考,他也要求自己的孩子必须融会贯通发表自己的见解。所以从小,巴菲特家的厨房辩论就热闹非凡,几个孩子唇枪舌剑,尽情抒发自己的见解。巴菲特深知,每个人都有自己的局限,之所以有人成绩卓然,有人碌碌无为,就是因为前者善于打破陈腐规则,突破自我局限,而后者因循守旧,不敢轻易脱离既定环境。

有人曾经做过这样一个实验:他往一个玻璃杯里放进一只跳蚤,发现跳蚤立即轻易地跳了出来。再重复几遍,结果还是一样。根据测试,跳蚤跳的高度一般可达它身体的 400 倍左右,所以说跳蚤可以称得上是动物界的跳高冠军。

接下来实验者再把这只跳蚤放进杯子里,不过这次是立即同时在杯子上加一个玻璃盖,"嘣"的一声,跳蚤重重地撞在玻璃盖上。跳蚤十分困惑，但是它不会停下来，因为跳蚤的生活方式就是"跳"。一次次被撞，跳蚤开始变得聪明起来，它开始根据盖子的高度来调整自己所跳的高度。再一阵子以后，实验者发现这只跳蚤再也没有撞击到这个盖子，而是在盖子下面自由地跳动。一天后，实验者把这个盖子轻轻拿掉，跳蚤不知道盖子已经去掉了，它还是在原来的这个高度继续地跳。

三天以后，实验者发现这只跳蚤还在那里跳。

一周以后实验者发现，这只可怜的跳蚤还在这个玻璃杯里不停地跳着——其实它已经无法跳出这个玻璃杯了。

这只跳蚤被"习惯"束缚了，玻璃杯"罩"在了跳蚤的潜意识里，同时也"罩"在了它的心灵上，于是它行动的欲望和潜能被扼杀了。这种依靠习惯的行为，不仅会发生在动物身上，也会发生在我们这些号称高智慧的人类身上。

现实生活中，有许多人也过着这样的"跳蚤人生"。他们年轻时意气风发，不断尝试成功，但是往往事与愿违，屡屡失败以后，他们不是抱怨这个世界的不公平，就是怀疑自己的能力，他们不再是不惜一切代价去追求成功，而是一再地降低成功的标准——即使原有的一切限制已取消。就像刚才的"玻璃盖"虽然被取掉，但他们早已被撞怕了，不敢再跳，或者已经习惯了，不想再跳了。人们往往因为害怕去追求成功而甘愿忍受失败者的生活。难道跳蚤真的不能跳出这个杯子吗？绝对不是。只是它的心里已经默认了这个杯子的高度是自己无法逾越的。

让这只跳蚤再次跳出这个玻璃杯的方法十分简单，只需拿一根小棒子突然重重地敲一下杯子，或者拿一盏酒精灯在杯底下加热，当跳蚤热得受不了的时候，它就会"嘣"的一下跳出去。

人有些时候也是这样。很多人不敢去追求成功，不是追求不到成功，而是因为他们的心里也默认了一个"高度"，这个高度常常暗示自己的潜意识：成功不是可能的，这个是没有办法做到的。

"心理高度"是人无法取得伟大成就的根本原因之一。

要不要跳？能不能跳过这个高度？我能不能成功？能有多大的成功？这一切问题的答案，并不需要等到事实结果的出现，而只要看看一开始每个人对这些问题是如何思考的，就已经知道答案了。

因此，如果我们经常给自己设限，按照习惯思维认为自己有些事情能做，有些事情确实做不来，这种限制就会束缚我们的手脚，其实一个人的潜力是无穷的，就像一句广告词说的那样："一切皆有可能！"一个人想要取得非凡的成就，拥有精彩的人生，突破束缚自己的那个"心理高度"是首要问题，只有冲破了心中的牢笼，正确地认识自己，拥有足够的信心，才能取得成功。

在亿万年前，恐龙曾经是地球上最强大、最活跃的物种之一，但不知道什么原因后来灭绝了，至今没有一个科学家能拿出确实的证据来证明。但有人曾提出一个观点，就是当环境发生剧烈变化的时候，长期安于现状的恐龙缺乏"应变"的能力，无法改变自己以适应环境的变化。

现实生活中，存在很多"恐龙式"的人，我们姑且称之为"恐龙族"。

"恐龙族"不喜欢改变，他们安于现状，没有野心，没有创新精神，没有学习热忱，满脑子目前的状态，不设法改进自己，不让自己有机会进行更好的学习。"恐龙族"不肯承认改变的事实，他们不愿为自己制造机会，而情愿受所谓运气、命运的摆布。

在我们周围，你能发现许多类似的人：他们的生活状态不一定很好，可也不算很坏；他们的生活质量不一定高，可也不算太低；他们的人生说不上成功，可也算不上失败。他们一生最大的愿望就是能将他们目前的生活状态保持下去。他们也想过冒险，从而使自己的人生更加丰富多彩，但他们又担心万一失败连自己现在的也失去了。也就是说，寻求一种生活的安全感成了他们所追求的最高的人生目标。

客观来说，随遇而安、过普通的生活也是一种人生。但是，如果事事随遇而安，把所谓的生活安全感放在人生的第一位，久而久之，我们就会产生一种惰性，当机会来到面前时也把握不住。

习惯和经验可以起到指导人们行动的作用。但是它既可以助人成功，同时也会束缚人前进的步伐。因此要想获得最大的成功，就不要给自己的人生设限，画地为牢的做法只会圈住自己，阻碍自己发挥出最大的潜能。

>>> 编者手记 <<<

有些孩子恐怕最欠缺的就是独立思考的能力，上学的目的就是应付考试，每天"填鸭式"地接受知识，然后上更高级别的学校，继续学习知识。如何把知识转化为生产力？如何创新？我们没有想过，很多孩子都是典型的"高分低能"。如何才能改变这个局面呢？习惯的力量让我们没法改变，因为我们都是这么一步一步走过来的。所以我们习惯了，从不深究这里面会有什么问题，如何改变？

一代又一代人就这么"习惯"下去，也许你在为自己现在的故步自封，墨守成规而忧虑和着急，但不要让这种悲剧延续到孩子身上，让孩子独立思考，选择自己的心中所爱吧！别让"习惯"继续束缚他们！

※忠告6 独立后才能走得更远

"如果你能从根本上把问题所在弄清楚并思考它，你就永远也不会把事情搞得一团糟！"

巴菲特的三个孩子在成长的过程中，巴菲特并没有在经济上过分帮助他们。他是他们的父亲，也是精神导师，他告诉孩子们，走入社会以后，独立可以让他们更自由，活得更精彩，如今是他们大显身手的时候了。

那些历史上革新世界，大有所为的名人，都乐于面对挑战，他们笑傲江湖，挥斥方遒，成就了自己的一方伟业。

温室里的花朵总是那么柔弱，只有经过暴风雨洗礼后的花儿，才能在春天里怒放，只有踏入社会，你才能真正成长。

成功的因素有很多，但其中一个很关键的因素就是要有一种敢于冒险的精神，学会独立，自己的事情自己做主，你才能发挥自己的潜力，壮大自己的实力。

没有"温室"的照顾，也许你的生活中充满了风险，但是敢于向风险挑战，在风险面前不屈不挠，去追求一般人不敢追求的目标，开拓创新，才能取得一般人不能取得的成功。相反，在风险面前畏惧的人，不敢做第一个吃螃蟹的人，不敢去攀登更高山峰的人，肯定不会享受到冒险时的刺激和成功后的喜悦，他们一生只能碌碌无为，甚至被社会淘汰。

青少年时期正处于人生转折的关键阶段，树立独立意识，才能真正做好自己命运的主人。为了培养独立意识，我们可以在如下方面加以注意：

首先，学会独立观察和思考。我们应该有意识地锻炼这方面的能力，平时多观察，在观察中思考和领悟。在遇到事情的时候，也应该先自己动脑筋想想，凡事自己先拿主意，实在想不到好的解决方法时再请求别人的帮助。

其次，加强行为方面独立意识的锻炼。这就是说，我们应该学会自理和自立，自己能做的事，尽量尝试自己去做，不要总想着依赖他人。

最后，进行自我管理和自我评价等方面能力的培养。要学会对自己的目标、思想、心理和行为等进行管理和正确评价，学会自我约束和自我激励。

你是在等着别人的帮助，还是在期待上帝的"神奇力量"呢？别再等待了！只有你才是自己命运的掌舵者，只有你才是自己的上帝！

曾经有人问巴菲特："如果出现问题的话，你去请教什么人？"巴菲特回答说："投资成败一定源于思想层面的深深领悟。"所以当真正出现问题的时候，只有对着镜子说话，巴菲特的回答告诉我们，要做一个决定的时候，真正可能依靠的只有自己，你必须通过自己的思考去解决问题，把事情解决完美。

哲人说"风险与机遇并存"，其实巴菲特自己的投资历史就是这样，只有独立，只有发掘自己的潜力，挑战风险，才能获得巨额的利润。

早在上中学的时候，巴菲特已经显示出前瞻的眼光和独立自主的操作能力。1945年，正在上高中的巴菲特，因为当报童时积累了一笔钱，他突然决定去内布拉斯加购买一个农场。这个农场有40多亩，还没有人开垦过。巴菲特决定投入1200美元。

巴菲特的投资举动几乎让所有同学都感到惊异。就连朋友和亲戚们也都劝他慎重。他的父亲老巴菲特只是把他的行为当作孩子般的游戏罢了，也没有过多去关注。他在孩子的投资上比较开放。主要是孩子根本不需要用他的钱来做事情，因此他无须考虑风险。但是巴菲特只是告诉了他这个决定，而不是来商量和征求他的意见。事实证明，老巴菲特的确多虑了。他的孩子几乎就是个商业神童。他既当学生又当农场主，之后把那农场出租给了当地的农民，不久就收回成本还赚了不少钱。

巴菲特不依附任何力量做事。包括自己家庭的力量，对亲人的支持也是讲究分寸的。

巴菲特还在上中学时，父亲有次去他的房间。看到他正在填写着什么。就询问他正在做什么。巴菲特兴奋地告诉父亲，自己在填写报税单。他要给自己的收入缴纳相应的税款了。

听到这里，老巴菲特十分高兴。孩子这么小就已经拥有了如此强烈的社会责任感，能够自觉遵守社会秩序和法律规范，当然让他无比欣慰。他大声地对巴菲特说："好啊，沃伦！我看这次得好好奖励你一下了。这样吧，这次的税款由爸爸代你缴了！"

"不！爸爸。这不是你的事情。我的这些收入是理应缴纳税款的。所以，还是由我自己来缴更合适。"巴菲特坚持道。

"呵，沃伦真的长大了。"老巴菲特由衷地赞扬孩子。

随着年龄的增长，巴菲特的独立自主意识和独立思考的能力更加成熟。大学刚刚毕业，巴菲特就先到父亲的公司工作。他主要是负责向客户们推荐增值的股票，然后从股票的赢利中抽取自己所得的佣金。在这个岗位上，巴菲特依旧表现出不同凡响的独立判断能力和观察力。

熟悉了具体业务之后，巴菲特就认真地研究和分析，选中了一只名为 GEICO 的股票，这是政府公务员保险公司的一只股票。为了保证自己的判断正确，巴菲特亲自跑到这个公司去打探消息，了解公司的实际状况，做到了心中有数。但是，当他向公司拿出购买意见的时候，除了公司内部不同意之外，还几乎遭到了所有咨询专家的反对。几位保险业的前辈认真地告诉他，他过高地估计了这只股票的价值。巴菲特再次严密地分析了这只股票。运算出股票的毛利率将能够达到五倍之多，从中获利是无疑的。巴菲特没有犹豫，在没有人相信他的时候，他始终保持自信。他为此以身示范，拿出了自己的资金，投入 10000 美元购买 GEICO 股票。幸好，他的姑姑爱丽丝也积极支持他投资这只股票。局面逐步被打开，一些客户也开始投资 GEICO 股票。

　　果然不错，在不到两年的时间里，GEICO 股票攀升两倍之多。他也净赚 5000 多美元。1954 年 8 月，巴菲特如愿以偿地进入格雷厄姆—纽曼公司工作。这是他的导师格雷厄姆和罗姆·纽曼联合创办的投资公司。

　　在工作的第一年，巴菲特就充分发挥了自己独立思考的能力，展示了在投资上的才华。虽然是刚刚起步，但巴菲特对投资市场的敏锐眼光很早就表现出来。应该说，这是他将长期学习和市场的实践结合所产生的信心。

　　有一次，巴菲特看上一只名为"家庭保险公司"的股票。这只股票名不见经传，没有多少可以参考的资料，难以进行准确的评估。巴菲特搜集相关数据很费脑筋，为此专门跑到这家公司内部了解情况。最后他判断，这只股票每股15美元的价格几乎算是一只非常廉价的股票，其价格肯定会大幅攀升。于是向公司提出了购买的申请。

但是，巴菲特的意见遭到他上司霍华德的反对。他一点也不认可巴菲特的意见。他在听了巴菲特的研究和判断之后直摇头，并立即否决了巴菲特的想法。在霍华德看来，还是大家都在购买的一些股票更为可靠。大家都看好的股票是集体共同分析的结果，有着更为详细的市场数据和较小的风险。

面对这种局面，"我相信自己"，巴菲特还是保持个人的独立观点。在公司不予支持的情况下，他说服同事克纳普，在他和自己的账户中各买一部分。

不到一年，这只名为"家庭保险公司"的保险股票，价格从15美元一直上升到370美元，价值翻了20多倍，令巴菲特的上司和同事们目瞪口呆。他们都惊异于巴菲特怎么能够在众多的股票中发掘出这种股票的潜力来。

这还不过是开始。在纽曼公司的《投资手册》中，写着一条利用不同市场的价格来从中获利的原则。可是一直以来，这个方法还没有人去具体地运用。而巴菲特很快就把它应用到实践中。他犹如一个老练的猎手，十分自如地在市场中捕获自己需要的"猎物"。

巴菲特到纽曼公司才刚刚几个月的时候，巧克力股份公司宣布用本公司库存的可可豆来回购一部分公司的股票。巴菲特从中看到了商机。他走访了不同的市场，了解到可可豆在不同市场的价格，认为其间的差价非常可观。

这次公司认同了巴菲特的想法，并由他来具体执行。于是巴菲特一边用股票到巧克力公司换取可可豆，一边拉可可豆到另外的市场出售。由于可可豆的价格高昂，巴菲特为纽曼公司赚取了可观的利润。

然而，在纽曼公司工作不到三年的时间，巴菲特就决定回到故乡奥马哈独自创业。这个时候的巴菲特已经胸有成竹。他相信自己的投资能力。决定从此之后不再为任何公司和任何人去服务。他要自己做主来实现人生的理想。

1956年5月1日，尽管巴菲特手中没有多少资金，但他的合伙公司还是顺利成立了。巴菲特这年25岁。他为公司投入了100美元49美分。其中100美元算真正的投资，那49美分只是到商店里购买了一本记账本的费用。

这个小小的企业总共有七位有限合伙人。由于人们对投资领域还相当陌生，加上巴菲特那时候还没有太大的影响，所以他的企业里主要以亲友为主。他们是四位家族成员和三位好友，总共募集了十万五千美元。这些资金是他的亲友们因为对他无限信任而投入的，已经尽到了他们的所能。巴菲特却明确表示，他们这些合伙人都没有投票权，不能够对公司的营运指手画脚提意见，要始终以巴菲特的思想为指导。简单地说，一个投资人除了拿投资款项之外，一切其他的事情不能过问。根据奥马哈有关法院保留下来的有限合伙企业证明显示，这七位与巴菲特有着直接关系的合伙人，后来成为奥马哈整个金融市场上的大赢家。以下就是他们最初的投资情况：

在这一年里，如果你把1万美元交给巴菲特，它今天就变成了3亿多美元。得到实惠的最初投资人，当时只是知道巴菲特有能力做好。但的确没有想到，巴菲特竟然把他们带入一个举世闻名的产业中，让他们都变成千万富翁和亿万富翁。所以，之后随着巴菲特声名鹊起，投资的圈子也慢慢变大，来投资的人越来越多，最初的投资人也不断加码继续投资。他们无一例外都获得了利润。几十年中，巴菲特在30万忠实于他的股东之中，孕育了数以万计的千万、亿万富翁。有人统计在他居住的奥马哈市，在他的投资带动下就产生了200名以上的亿万富翁。这让能够与他接近但又没有给他投资的一些邻居和朋友后来叫苦不迭，遗憾终生。巴菲特创造了股市神话，这已经是全球股市尽人皆知的事实。

倘若巴菲特不独立投资，而是在父母的荫庇下按部就班的生活，他可能只是一个小有名气的人，而不是闻名世界的大投资家。可以说，早早地独立培养了巴菲特做事的积极性，让他拥有足够的自主权和选择权，这为他以后的财富生活，打下了坚实的基础。

>>> 编者手记 <<<

其实中国的不少谚语讲明了"独立"的重要性。比如"穷人的孩子早当家"，穷人家的孩子往往没有什么可以依靠，所以什么事都得自己动手，有着很强的生存能力，很多出身贫寒的孩子，最终成就了自己的事业。

母鸡一直用自己的翅膀护住幼崽,可是它的孩子始终是一只鸡;母狮驱逐自己的幼崽去奔跑,去捕猎,所以它的孩子是一只狮子,未来是成为一只雄壮的狮子还是一只孱弱的小鸡?选择权在你们自己手里。

第三章　机遇总是青睐有准备的人

※忠告7　以兴趣为选择行业的基点

"兴趣成就成功。"

为什么许多人拥有一份令他人羡慕的工作,却始终感觉不到快乐?为什么薪水很高,工作成绩也很出色,却获得不了成就感?一个重要的原因在于他的职业与兴趣之间发生了冲突。职业和生活分离的时代正在过去,人们越来越倾向于将自己的个人生活与事业融合在一起。那些克制自己的情绪,努力去赚钱,然后再去享受的想法已经落伍了——人们开始追求全方位幸福的人生。

当巴菲特家的孩子们结束学习生活面临择业问题时,巴菲特都曾为他们提供过类似的参考意见:选择一个自己感兴趣的行业,比为了赚钱而投入一个无法激发你热情的行业要有意义得多。历史上曾经出现过许多职业,大多数已经消失了,留存下来的都应该有其合理性和社会需求。因此,我们要相信,三百六十行,行行出状元,每个行业都有前途,都能创造自己独有的价值。从某种意义上讲，所有的行业都是有前途的。因此，我们选择职业时首先要考虑自己是否真的感兴趣。

具体地说，兴趣对职业生涯规划的影响，主要表现在以下三个方面：

1. 兴趣是职业生涯选择的重要依据。兴趣是最好的老师，是一种强大的精神力量。兴趣可以使人集中精力去获得你所喜欢的职业知识，启迪智慧并创造性地开展工作。当一个人对某种职业产生兴趣时，他就能发挥整个身心的积极性；就能积极地感知和关注该职业的知识、动态并且认真思考，大胆探索；就能情绪高昂、想象丰富；就能增强记忆效果，增强克服困难的意志。反之，"牛不喝水强按头"是不会取得良好效果的，当然也就很难在该职业上发挥个人的优势，做出巨大贡献了。正像你在日常生活中喜欢从事自己感兴趣的活动一样，具有一定兴趣类型的你更倾向于寻找与此有关的职业，特别是在外界环境限制较小时，你更倾向于选择自己感兴趣的职业。

2. 兴趣可以提高你的工作效率，充分发挥你的才能。一个人对某一方面的工作有兴趣时，枯燥的工作会变得丰富多彩、趣味无穷。兴趣使工作不再是一种负担，而是一种享受。因为兴趣可以调动人的全部精力，以敏锐的观察力、高度的注意力、深刻的思维和丰富的想象力投入工作，促进你能力的发挥。兴趣和能力的合理结合会大大提高工作效率。曾有人进行过研究：如果你从事自己感兴趣的职业，能发挥你全部才能的80%~90%，而且长时间保持高效率且不感到疲劳；而对所从事的工作没有兴趣，只能发挥你全部才能的 20%～30%。

3. 兴趣是保证职业稳定、职场成功的重要因素——对某一职业有浓厚的兴趣，是智力开发的"孵化器"。兴趣是工作动力的主要源泉之一。对于一个人来说，对工作感兴趣，就愿意钻研，就会做出成就——这正是兴趣的作用所在。一般来说，兴趣是你职业生涯适应的一个基本方面，可以为职业生涯选择提供有效的信息。兴趣主要用于预测你的工作满意度和工作稳定性，工作满意是职业生涯适应的一大标志。在其他条件相似的情况下，从事自己感兴趣的职业不但让你感到满意，而且能够让你的工作单位感到满意，并由此导致工作的长期性和稳定性。

此外，多方面的兴趣可以使人善于应付多变的环境。如需变换工作，只要自己感兴趣，就能够很快地学会这项工作，求职成功，并能够在新的岗位很快地熟悉和适应新的工作。因此，兴趣是职场成功的一个重要因素，它能将你的潜能最大限度地激发出来，使你长期专注于某一方向，做出艰苦的努力，取得引人注目的成绩。

一个人如果能根据自己的爱好去选择职业，他的主动性将会得到充分发挥。即使十分疲倦和辛苦，也总是兴致勃勃，心情愉快；即使困难重重也绝不灰心丧气，而能想尽办法，百折不挠地去克服它，甚至废寝忘食，如醉如痴。因此，在选择长期、稳定的职业生涯时，不仅需要知道自己有能力从事什么样的工作，更重要的是需要知道自己对哪类工作感兴趣。只有将能力和兴趣结合起来考虑，才能规划好职业生涯并取得职业生涯的成功。

俗话说"三岁看大，七岁看老"，这句话用在巴菲特身上绝对没错。巴菲特对数字抱有高度兴趣，甚至还曾研究过每个英文字母在《圣经》和报纸上出现的频率。巴菲特拥有一目十行、过目不忘的神奇记忆力，小学五年级那年，巴菲特就曾背诵1939年版《世界年鉴》，能一一背出每个城市的人口数。

巴菲特对数字有超强的记忆力，这对所有的商人来说不啻为一大利器，大部分年轻人能从贩卖机买汽水就很满足了，但巴菲特却从自动贩卖机周围捡起被丢弃的瓶盖，并且加以统计分析，然后找出最受欢迎的饮料。巴菲特有博闻强记的能力，能够正确记住听来的数字，而非只是概略数字，这一直是他的"注册商标"，而他并不依赖所谓的传统智能，毕竟如他所言，传统智能可能是传统多于智能，而他总能与人相处融洽，正因为如此，他才能身兼可口可乐、吉列与华盛顿邮报的董事会成员，巴菲特总是维持一贯独处、独立的习性。

尽管年轻的巴菲特是个数学天才，但是，他对金融的痴迷程度仍让他虔诚、节俭的父亲感到非常吃惊，他父亲对为了积累财富而积累财富没有任何兴趣。他希望他的儿子有朝一日能成为一名神职人员，但是，他却发现他的儿子对金钱非常着迷，像是被其咒语所镇住了似的。年轻的巴菲特不会有真正的宗教信仰。对他来讲，重要的是合理性、事实、数字和金钱。

巴菲特8岁的时候，他开始阅读有关股票市场方面的书籍，他曾说过，他在六七岁时就对股票产生了兴趣。"我心中一直有这样一种遗憾，那就是我没有早一点开始从事股票工作。"

10岁的时候，他开始在他父亲的经纪人业务办公室里做些像张贴有价证券的价格及填写有关股票及债券的文件等工作。

1942年春天，11岁的巴菲特和姐姐合资以每股38美元买进3股"城市服务"优先股，但此后便一路下跌到27美元，姐姐每天上学的路上都会"提醒"巴菲特，股票被套牢了，巴菲特觉得自己压力好大。于是当股价后来回升到40美元时，他迫不及待全部卖掉，获利了结。但卖出之后，这只股票却一路飙到每股202美元。

由此，巴菲特学到了投资的第一堂课：第一，不要过分重视买价；第二，绝对不要不加思考，看到眼前小利就落袋为安；第三，如果不能确定自己一定成功，就不要随便跟别人合伙投资。

21岁时，巴菲特开始发挥侦探般的精神研究股票，巴菲特一页一页地仔细翻看穆迪手册。将一万页的穆迪工业、运输、银行与金融手册翻看了两遍，每一家企业他都没有放过——虽然有些公司他只是一扫而过。而这也奠定了巴菲特成功的另一关键所在："比其他人拥有更多信息——然后正确地分析，合理地运用。"

通过查阅大量公司资料，巴菲特找到了一家叫作Union Street Railway的公司。根据巴菲特的计算，这家公司拥有160辆巴士、一个游乐园、为数众多的美国政府债，还有大把大把的现金在手。"大约每股拥有60美元的现金"，但股价却只要30~35美元。为了更深入地了解，巴菲特还特地早上4点便起床，从纽约开车前往麻省拜访。这笔交易让当时25岁的巴菲特赚进了2万美金，几乎赚了一倍的利润。

尽管年轻的巴菲特是个数学天才，但是对他父亲而言，儿子对金融着迷的程度仍然让他吃惊，老巴菲特相当节俭，而且一向对于赚钱没多大兴趣，他原本希望儿子将来能担任神职人员，却发现他的儿子着迷于赚钱。

巴菲特最终没有尊崇父亲的意愿成为一个神职人员，而是在自己的兴趣指引下走入了金融行业。事实证明，这绝对是个聪明的选择。因为爱好，他几十年如一日对工作保持着莫大的热情，用朋友们的话讲，他每天去办公室的愉快样子像是赶着去约会。

成功需要全力以赴，全力以赴需要你对它有极大的热情与兴趣，这个过程中一定会遇到挫折。如果你现在做的事业不是你的兴趣，你不喜爱它，是很难坚持到底的。巴菲特家的孩子自小受到父亲的熏陶，都深谙此道理，因而他们都以兴趣为指向标选择了自己的职业。

巴菲特的三个孩子中，大儿子霍华德·巴菲特无疑是"对世界最友好"的一个，因为他对农业、对环保、对公共事业可谓竭尽全力。而为公共事业做贡献，是他少年时代就暗许的凤愿。除了投身于公益、环保，霍华德还有一个重要的爱好就是农业，他上了一年大学就退学了。退学后他买了台推土机投身农业，后来又从父亲手里购买了一个农场，成为农场主。或许是因为对传统农业的热爱，霍华德似乎不愿意接受新科技，他从来不用电子邮件。在闲暇时，他就周游世界，拍摄各地的野生动植物，他拍摄的照片发表在《野生生物资源保护协会》《世界图书发行》等杂志上，还出版了一本名叫《生物形象》的摄影作品集。

霍华德很清楚自己的才能，知道不可能像父亲一样在商道上有很光明的前景，于是转向了政坛，在他任职期间，处处维护社会上弱小群体的利益，在国会中努力争取提高弱势群体的福利，因此在政界也是小有名气。

被人称赞为"小巴菲特小姐"的苏茜，继承了巴菲特家族对报业的热情。走出校园后，她先是为《新公众》杂志社工作过一段时间，接着又在华盛顿哥伦比亚特区担任《美国新闻与世界报道》节目编辑的行政助理，后来她在加利福尼亚一家21世纪公司担任执行总裁的助理，接着她回到了奥马哈，并致力于把罗丝·布拉姆金中心发展为表演艺术基金会的工作。

生于1958年的老三彼得·巴菲特是一个音乐天才，姐姐苏茜说："彼得很轻松地就学会了一些乐器。7岁时，他连乐谱都不会识，但他坐在钢琴前开始弹奏时，比我这个已经上了8年钢琴课的姐姐弹得还要好。"

彼得也没有浪费如此好的音乐天赋，他在音乐中获得了物质和精神的双丰收，但更多的是精神。现在，彼得是一名著名的音乐家兼生意人，他创作音乐并靠此来获得财富。

彼得成为一名成功的音乐家后，带着他的15人乐队在密尔沃基为群众演出时，巴菲特亲自到场观看演出。他对儿子的演出大加赞赏，并对儿子说："我们干得都一样。"彼得从父亲的话语中受到了很大的鼓舞，而且认为父亲精神上的鼓励比物质上的要好得多。

巴菲特不但是一个成功的投资大师，还是一位成功的父亲，在他的熏陶下三个孩子从事了自己喜欢的行业，走上了属于自己的成功之路。他们在各行各业发挥着足够大的影响力，并为社会做出了巨大的贡献，这让"股神"感到很欣慰。

》》编者手记《《

一份职业是自己的兴趣爱好所在，该是多么惬意啊！在过去的人看来，这不过是一个梦想，而对于现代人而言，却变成了一种可能而且必须实施的现实了。

从事一份不喜欢的工作，会让你感觉度日如年，实力、水平得不到发挥。与其如此，还不如遵从巴菲特的建议，找一份自己喜爱的工作。这份工作也许工资不高，但它至少是你钟爱的工作，能让你全心付出。它不仅能为你的人生带来快乐，而且使你变得更有竞争力，须知，兴趣之所在，往往就是成功之所在。

※忠告8 单纯碰运气的人往往一无所获

"不要等待运气为你解决问题。"

人的梦想就像播种在人生这块田园之上的一粒种子，成功、收获，都需要我们持续耕耘，要求人们不断挥洒辛勤的汗水。有些人天天梦想拥有好工作，天天梦想发大财，天天梦想出人头地，可就是不愿踏踏实实地学，踏踏实实地干，结果只能是竹篮打水一场空。幸福的生活，不是靠虚幻的美梦得来的，任何时候都不要指望坐享其成，只有自己扎扎实实地去努力，去创造，才可能把愿望变成现实。

世界上没有不付出耕耘就可以收获的事情，要实现心中的梦想，就要时时夯实奋斗的足迹。巴菲特被人尊称为"股神"，他把握的股票往往能在股市中长盛不衰。有人认为，这是运气的因素，称他是"被上帝祝福过的人"。

孩子年幼时没有这个概念，女儿苏茜小时候，同学们讨论自己的父亲是靠什么谋生，苏茜模仿母亲的说法说："我的父亲是一名证券分析师。"结果同学们都以为巴菲特是检修报警系统的，苏茜对此也说不清楚，甚至糊里糊涂对同学们的看法表示了认同。等苏茜长大后，逐渐了解了父亲的伟大之处，也为父亲精准的投资感到非常惊奇。据苏茜回忆，她曾神秘兮兮地问父亲："您真的像大家传说的那样，受到上帝眷顾，所以才会运气特别好、赚了很多钱吗？"巴菲特哈哈大笑："亲爱的，我能持续保持好运，是因为我一直认真努力地对待自己的工作——一个人，如果总想靠运气成功，那么他最后一定一无所获。"

巴菲特所言不虚。他的每一个投资决策，都是经过严肃认真的分析后做出的。研究他的投资经典案例就会发现，并非幸运女神指引他的投资走向，严密的分析才是他买入卖出的指示牌。

找准时机投资那些著名的公司，是巴菲特最重要的投资理念之一，尤其是在经济发展出现下滑的情况下，最适合投资那些信誉度高、有长期投资价值的公司，就像投资可口可乐公司。20世纪80年代后期，巴菲特把目光又一次投向了名牌企业，吉列就是其中的一家。

巴菲特为什么将目标定位在以生产刮胡刀为主的大型企业上，而且毫不犹豫地采取行动呢？主要是因为吉列公司有以下优势：

第一，吉列是一个老牌公司。老到什么程度？百年老店。巴菲特发现："吉列刀片已经有100多年的历史。"

美国人金·吉列于1895年发明了一次性剃须刀片，这是一个划时代的商业发明。巴菲特指出其创新在于："消费者需要不断更新自己的刀片，所以他们对吉列产品的消费支出也会不断增加。"吉列在1901年创立了美国安全刀片公司，20世纪50年代更名为吉列。早在第一次世界大战之前，吉列就已经成为领导剃须刀行业的跨国公司，并一直保持领导地位至今。在消费品领域，几乎没有一个公司能够像吉列那样统治行业如此之久。历经百年风雨而更加强大，如此超级稳定性，让巴菲特不由得心动。

第二，吉列刀片有很大的市场空间。因为它有足够大的可扩展性，这将会为其带来更多的价值和利润。

第三，吉列最大的优势在于它有创新的潜质，在创办以来的100多年间，它更新换代靠创新赢得了行业第一：剃须刀架、双刀剃须刀、旋转刀头剃须刀、感应剃须刀以及"风速3"剃须刀。

第四，吉列是剃须行业中的绝对老大。吉列公司多年来一直统治着全球剃须刀市场，在很多国家，吉列已经成为"剃须刀"的代名词。巴菲特用数字分析了吉列的市场地位："世界上每年剃须刀片消费量为200亿～210亿片左右。其中30%是吉列生产的，但按市场份额计算，吉列在全球刀片销售额中占了60%。"巴菲特对吉列发展前景充满信心："可口可乐与吉列公司可说是当今世界上最好的两家公司，我们预期在未来几年它们的获利还会以惊人的速度增长。"这正是巴菲特投资吉列的最重要原因。

第五，吉列属于超级明星企业。寻找超级明星企业是巴菲特投资理念的重要一环。他这样说："寻找超级明星，给我们提供了走向成功的唯一机会。"要成为巴菲特感兴趣的超级明星企业，必须满足以下6个条件，而当时的吉列公司满足了这些条件。

1. 大型公司。

2. 有稳定的赢利记录，若只有未来增长或趋势概念，并不能引起巴菲特的兴趣。

3. 股本回报良好，收益佳，没有负债或负债率低。

4. 管理层素质好。巴菲特曾说："我们持续受惠于这些所持股公司的超凡出众的经理人。他们品德高尚、能力出众、始终为股东着想，我们投资这些公司所取得的非凡投资回报，恰恰反映了这些经理人非凡的个人品质。"

5. 业务要简单。如果涉及大量与科技有关的项目，巴菲特认为难以明白。

6. 一个合理的价格。当时吉列公司由于营销业务出了问题，陷入困境之中，面临多方的恶意收购，股价跌落，巴菲特低位入市，用6亿美元买下近9900万股吉列股票。

巴菲特认为，收购名牌企业只有在它经济效益不好的时候才是最佳出手时机，由于这种企业实力雄厚，生命力很强，抗风险的能力也很强，所以它在很短的时间内就能扭亏为盈。在这个关键性时刻，巴菲特做出了收购吉列的选择。

在巴菲特有了收购吉列的意图之后，就非常关注它的每一个细节。一次，他在看吉列公司1988年年报的时候，得知吉列正在花巨资回购自己的股票，就断定它急需一笔资金。于是他立即给吉列公司打电话，确定自己的判断后，巴菲特向吉列的董事长传达了他的投资意愿。此事进展得特别顺利，几个小时之后，他们就对投资的相关事宜达成了一致。巴菲特以"英雄救美"的姿态，投资6亿美元买下了9900万股吉列的优先股。不但实现了自己的愿望，而且成功抵挡住投资者的恶意收购。

巴菲特购买的优先股随后可以转换成11%的普通股，每股是50美元，而当时在股市上的交易价格是42美元，吉列将会在十年之内赎回这些优先股。根据业内人士的估算，巴菲特的投资价值要比实际成本大，巴菲特却认为其中有很多潜在的利益将会弥补这方面的损失，巴菲特加入吉列董事会后立刻带来了变化，吉列餐厅由百事可乐改为可口可乐。巴菲特说："吉列就是成功与国际行销的同义词，而且也是我们喜欢的，并且值得长期投资的跨国公司。"

2005年1月28日，宝洁收购吉列，巴菲特把持股转化为宝洁股票，其股票价格每股猛涨5.75美元达到51.60美元。这一涨，让巴菲特持股总市值冲破了51亿美元，从中获益匪浅。

投资吉列公司是巴菲特投资生涯中最满意的投资，也是他最典型的成功投资，不仅如此，巴菲特的投资理念和智慧也越来越成熟，越来越完善。

大多数人认为自己之所以受穷、之所以赚不到钱，是因为缺少运气的眷顾。所以，他们把运气看得相当重要，认为运气是决定他们一生的东西。没有机会，无论怎样努力，也是于事无补的。他们看到巴菲特等成功人士，会忽视他们为工作付出的努力，只是认为他们能拥有丰裕的财富是运气的眷顾。这些人在实际生活中，往往也不会努力工作，而是坐等运气的来临。

他们过于相信机遇和命运，把自己一生与谁相遇看成是一种命运的安排，把自己找到什么样的工作当成一种命运的巧合，甚至把自己不如别人过得好也看成是机遇不好。他们常常对自己说："如果我有某某那样的好运气，我会比他做得更好。"富人大多是不迷信命运的。他们以最大的勇气面对生活，用最坚决的行动去追求财富。

人生创业、创富和成功，当然需要一些运气，但运气绝不是创富的唯一和首要条件。一个人的生活不是别人说了算的，更不是命运说了算的。今后你过哪种生活完全取决于现在的你。不要相信自己天生就不是赚钱的命的说法，不要相信自己天生就比不上富人。

我们不能决定出身，但我们能掌控自己的命运。

>>> 编者手记 <<<

在这个天高任鸟飞、海阔凭鱼跃的时代，所有人都面临各种各样创造神话的机会。千万富翁不是梦想，亿万富翁也不是神话。上天青睐每一个想成为富人的人，只要你不甘于贫穷，只要你渴望富有，只要你脚踏实地，那么你就会成为富人。

※ 忠告9 天使蕴藏于细节之中

"养成注重工作细节的习惯，不仅可以让我们脚踏实地地做事，还能够培养工作中的责任感。"

天下大事，必作于细。细节就像人体的细胞一样举足轻重，在某些情况下确实可以决定成败，工作中耐心做好每一个平凡的细节，你就有机会先于别人走向成功。

巴菲特认为，对工作要给予百分之百的关注，这样才能够把工作做好。为此，他经常提醒员工要关注工作中的细节，将每一个细微之处做到最好。巴菲特身体力行，在分析企业经营业务时，总是做到精益求精。

他在1997年的信里写道："和星辰家具的交易有个非常有趣

的故事。通常每当我们涉足一个原本不熟悉的行业时，我都喜欢问新加入的合作伙伴：'你们这行业中还有没有像你们一样优秀的企业？'1983年，我们收购内布拉斯加家具中心时，我就问过B夫人这个问题。当时她告诉我，美国其他地方还有3家优秀的家具零售商。可惜的是，在当时它们都没有出售的意愿。"

巴菲特曾经讲过，为了更好地投资，投资者在考察想要投资的企业经营业务时，一定要精益求精，不放过任何细节，不求最好，只求更好。

1997年，伯克希尔公司收购星辰家具公司。当时，创立于1912年的星辰家具，总共有十二家家具店，其中十家在休士顿，一家在奥斯丁，另一家在布莱恩，每家的经营业绩都非常喜人。当谈到收购星辰家具公司的过程时，巴菲特非常激动。因为这桩收购案例充分体现了巴菲特收购企业时不求最好，只求更好的招数。

巴菲特有这样一个习惯，每当他涉足一个原本不熟悉的行业时，他总会询问他的新合作伙伴一个问题："你们这行业中还有没有像你们一样优秀的企业？"千万别小瞧这个问题。就是这样一个问题，让巴菲特收购了很多优秀的企业。星辰家具公司就是这样一个例子。

1983年，巴菲特开始涉足家具行业，他收购了内布拉斯加家具店。当最后和B太太洽谈收购协议时，巴菲特就询问B太太，在家具零售业，有没有其他像内布拉斯加家具店这样优秀的企业。B太太告诉巴菲特，在美国其他地方还有3家很优秀的家具零售商可以考虑收购。不过令巴菲特惋惜的是，当他和那3家公司洽谈时，当时没有任何一家愿意出售。令人没想到的是，多年之后这三家家具店中的威利家具公司有了出售的意愿。于是B太太马上把这个消息告诉了巴菲特。巴菲特非常高兴，因为他不但喜欢该公司的经营业绩，也非常欣赏该公司明星经理人比尔蔡德，所以巴菲特立刻抓住了这个难得的机会，很快就和威利家具公司谈好了这笔交易。同样地，巴菲特又问了比尔蔡德和问B太太一样的问题，比尔蔡德的推荐名单中有一家和B太太推荐的一样，那就是星辰家具公司。虽然当时星辰家具公司不愿意出售，但巴菲特已经把星辰家具公司深深记在了心里，他一直在等待合适机会。

在巴菲特收购威利家具公司一年之后，所罗门公司的董事长告诉巴菲特，星辰家具公司有出售的意愿，而且该公司的总裁兼最大股东沃尔夫想和巴菲特见个面。巴菲特非常激动，他终于等到了收购的机会，于是很快和沃尔夫见了面。经过两次短暂的会晤后，他们就谈妥了所有交易。

可见，对于细节的注重，让巴菲特有机会与更多优秀的公司合作。那些优秀的、成就非凡的人，总是于细微之处用心，在细微之处着力。因为正是有这些毫不起眼的小事的完成，才保证了以后大事的成功。老子曾说："天下难事，必作于易；天下大事，必作于细。"巴菲特在被要求用一句话来描述自己成功的原因时，风趣地讲："天使蕴藏于细节之中。"

工作中的细节看上去毫不引人注意，却恰恰是一个人工作态度的最好证明。那些百分之百关注现在的工作的员工，总是能够认真对待工作中的每一个细节，将工作做到尽善尽美。也正是这样的工作态度，才使他们获得了成长和发展的机会。

伯克希尔公司组织一年一次的股东大会，为了增加互动性，他们在现场设置了股东提问的环节，原来的做法是让文员裁几张白纸了事。可是，在现场，巴菲特看到的却是一沓整齐漂亮的便笺，上面还印了公司的标志，措辞礼貌。那次活动举办得十分成功，股东的反应也很好。而功劳自然少不了文员这个注重细节的举动。这样琐碎的小事让这个文员深得巴菲特的赏识，后来在公司需要新的办公室主任时，巴菲特第一个想到的就是这个文员。

一位在工作中十分注重细节的工程师的座右铭是：即使一个细节没有做好，也不算完成任务。一个尽心尽力、注重细节，把工作做到完美的员工得到提升是水到渠成的。而在职场中，许多细节之处，往往会被人们所忽视。其实，在竞争日益激烈的现代职场中，往往正是这些细节决定着一个人的工作及前途，也许稍有不慎便会有淘汰出局的可能。

巴菲特女儿苏茜在奥马哈开了一家针织品商店，为了商店更好地发展，她决定从员工中提拔一位能干的助手帮自己打理生意。凯普大学毕业后就来到了苏茜的商店工作，由于在工作业务方面的技能非常熟练，并且工作特别卖力，苏茜很看重他，感觉他是个可塑之才，准备委以重任。

在任命的前几天，苏茜无意中来到凯普的办公室。偶然发现凯普将掉在地上的废纸踢向一边，而不是捡起来扔进垃圾桶内。这可只是举手之劳啊！于是苏茜便特别留意凯普的举动。她发现每天凯普不但不擦桌子，还把餐具随便摆放，不摆放在指定地点，他甚至还随地吐痰……苏茜从小受到父亲的熏陶，知道细节的重要性。她不禁怀疑，一个连最基本的工作细节都不注意的员工，怎么能成为一名出色的管理人员？又怎么能对企业高度负责呢？于是苏茜临时改变了她的想法，再也没有起用凯普。

从某种意义上讲，细节是对一个人综合素质最真实的考察，也是区别于他人的特点。很多时候，正是细节显出的奇特效果，使你在激烈的竞争中脱颖而出，成为人人羡慕的佼佼者。所以，要想成为一个好员工，细化工作，把每个环节都做到完美，做到百分之百是必需的前提。

很多人在工作时，对细节不屑一顾，他们认为有更高明的方式体现自己的能力。他们整日抱怨领导者有眼无珠，不满现在所从事的简单的工作，在工作中竭尽全力寻找机会证明自己的不平凡。他们对同事的失败冷嘲热讽，对手边的事情不屑一顾，最终的结果却是一败涂地。

实际上，每天的工作就是展现你不平凡的最好机会。商店的售货员将每一件商品擦得干干净净，公交车司机让自己的车保持整洁，书店的营业员把书架上的书摆得整整齐齐，这样的小事，如果能够天天坚持，就会变成习惯。当你习惯了在自己的工作中把每一个细节做得尽善尽美的时候，你就是在为自己的前途储存更多的资本，你也能够更快地达到目标。

无数经验证明，唯有细节，才能让人更出众。巴菲特谈到细节问题时讲："一个由数以百万计的个人行动所构成的公司经不起其中1%或2%的行动偏离正轨。"大量成功和失败的企业案例都证明：我们不缺乏雄才伟略的战略家，缺少的是精益求精的执行者。

在我们的工作中，总有一些看上去无关紧要的小事，但正是这些小事决定了你的成败，因为正是对待小事上的一丝不苟能够使你养成良好的工作习惯，从而为你的职业生涯开创出更广阔的明天。只有善始善终、不折不扣地工作的人才是职场中的宠儿。应该意识到：你工作的质量往往决定你生活的质量。在工作中你应该严格要求自己，能做到最好，就不允许自己只做到次好；能完成百分之百，就不能只完成百分之九十几。不论你的工资是高还是低，你都应该保持这种良好的工作作风。

>>> 编者手记 <<<

世界上所有的人与事，最怕"认真"二字。所有学有所长的成功者，虽然一开始，他们与我们都做着同样简单而微不足道的琐事，但是结果却大相径庭。细细分析，唯一的区别是，能成功者，他们从不认为自己所做的事是简单的小事，他们始终认为，现在所做的"小事"是为今后的"大事"做准备，他们目光所及之处，是十分辽阔的沃野，是浩瀚无边的大海，而在常人眼中，现在所从事的工作，只是毫无生机的衰草和茫茫无际的沙漠。

成功并非偶然，没有什么"随随便便的成功"，也没有什么结果是没有原因的。一些看似偶然的成功，其实只是我们看到了事物的表象，而其本质却巧妙地隐藏起来了。聪明人会透过现象直抵事物的本质，所以他们能准确地把握自己，取得最终的胜利。

巴菲特给儿女的处世忠告

第四章 储存知识就是储存黄金

※忠告1　不懂的时候"查一查"

"我特别钟情于读传记，我的工作是阅读。"

巴菲特告诉孩子，一定要注意学习，因为一个人的知识面再广，也肯定有他不了解的东西，而在信息爆炸的今天，海量的信息无时无刻不在冲击着我们，我们不懂不会的东西实在太多了，如果完全需要你自己来探索，那毫无疑问的是，你从此就埋葬在了信息的海洋里。

彼得的外祖父十分疼爱彼得，当外祖父陪彼得做拉丁文功课时，他们会一同翻书查找不认识的单词，在这种偶尔协作的瞬间，彼得体验到了亲情的美好。彼得认为，教育的终极目标是为了满足好奇心。因此，父母能为孩子做得最好的事，就是不断地激发他们的好奇心。

巴菲特一家的做法就是广泛讨论各种问题，并经常提议"查一下"。当孩子们存有疑问时，当某一讨论或学校功课需要更多信息时，巴菲特就让孩子们求助于家里的《世界百科全书》或多年累积下来的《国家地理杂志》。彼得小的时候会花很多时间趴在地上，查找关于《东非鸟类》《亚马孙原住民》的文章。查询资料就像是寻宝，虽然途中充满悬念和险阻，但最终找到宝藏时，就会无比地欣慰。在搜索框中点击几下的做法虽然很省时，但你不会获得满足感！很多时候，彼得临睡前都抱着好几卷百科全书，那些有关风土人情的故事常常令他着迷不已。

说起"查一查"，书本绝对是我们最好的朋友之一，因为那些知识都是前人已经总结出来的经验，这个时候，你通过阅读书籍就可以掌握知识了，而不用自己再摸索。

牛顿曾经说过，他之所以看得比别人远，是因为他站在了巨人的肩上。所以我们也要善于站在巨人的肩上，前人已经总结了几千年的经验，而你只需要花上几年时间就可以把它们变成自己的。

谦虚好学是一种态度，有这样精神的人往往是不自满，肯接受批评的、虚心向人请教的人，巴菲特认为，这样随时愿意去"查一查"的人，往往也是有真才实学的人，只有那种不学无术、一知半解的人，才常常自以为是，好为人师。古希腊的著名哲学家苏格拉底，每当别人赞叹他学识渊博，智慧超群的时候，他总是谦虚地说："我唯一知道的就是我自己的无知。"

爱因斯坦曾说过：人们解决世上所有的问题，是用大脑、能力和智慧，而智慧则来源于日常知识的积累。一个知识贫瘠的人，是不会主动开启智慧的大门，寻求成功之路的，就好像一只坐井观天的青蛙。

巴菲特曾经给孩子们讲过这样一个故事：

有一只青蛙长年住在一口枯井里。它对自己生活的小天地满意极了，一有机会就要当众吹嘘一番。

有一天，它吃饱了饭，蹲在井栏上正闲得无聊，忽然看见不远处有一只大海鳖在散步。青蛙赶紧扯开嗓门喊了起来："喂，海鳖兄，请过来，快请过来！"海鳖爬到枯井旁边。青蛙立刻打开了话匣子："今天算你运气了，我让你开开眼界，参观一下我的居室。那简直是一座天堂。你大概从来也没有见过这样宽敞的住所吧？"海鳖探头往井里瞅瞅，只见浅浅的井底积了一汪长满绿苔的泥水，还闻到一股扑鼻的臭味。海鳖皱了皱眉头，赶紧缩回了脑袋。青蛙根本没有注意海鳖的表情，挺着大肚子继续吹嘘："住在这儿，我舒服极了！傍晚可以跳到井栏上乘凉；深夜可以钻到井壁的窟窿里睡觉；泡在水里，让水浸着两腋，托住面颊，可以游泳；跳到泥里，让泥盖没脚背，埋住四足，可以打滚儿。那些跟头虫、螃蟹、蝌蚪什么的，哪一个能比得上我呢！"

青蛙唾沫星儿四溅，越说越得意："瞧，这一坑水，这一口井，都属我个人所有，我爱怎么样就怎么样。这样的乐趣可以算到顶了吧。海鳖兄，你不想进去观光观光吗？"海鳖感到盛情难却，便爬向井口，可是左腿还没能全部伸进去，右腿的膝盖就被井栏卡住了。海鳖慢慢地退了回来，问青蛙："你听说过大海没有？"青蛙摇摇头。海鳖说："大海水天茫茫，无边无际。用千里不能形容它的辽阔，用万丈不能表明它的深度。传说四千多年以前，十年九涝，海水没有加深；三千多年以前，八年七旱，海水也不见减少。海是这样大，以至时间的长短、旱涝的变化都不能使它的水量发生明显的变化。青蛙兄弟，我就生活在大海中。你看，比起你这一眼枯井、一坑浅水来，哪个天地更开阔，哪个乐趣更大呢？"青蛙听傻了，鼓着眼睛，半天合不拢嘴。

世界无限广阔，知识永无穷尽。如果把自己看到的一个角落当作整个世界，把自己知道的一点点知识看作人类文化的总和，那就会跟枯井里的青蛙一样，成为孤陋寡闻、夜郎自大和安于现状的角色。

当今世界科技发展瞬息万变，拘泥于单一的环境、安于现状的人难成大事，只有放开眼光，不断去汲取新知的人，才有可能构筑和实现他人无法企及的梦想。

在大多数人都认为阿尔卑斯山无法跨越的时候，拿破仑却有信心能够将之征服，并在心中拟定好一套具体方案再加以实施，最终成功跨越了他人眼中的天险，出奇制胜地把奥地利军队打得落花流水。正是由于丰富的知识积累，才使得拿破仑敢于向阿尔卑斯山发出挑战，因为他在事前就看到了一般人所看不到的、跨越阿尔卑斯山的可能。

知识贫瘠的人不可能有多好的梦想，只有拥有了先进的观念，才有可能进行创新、先声夺人。知识的海洋没有边际，如果你有了某方面丰富的知识，也别就此停止学习，因为某方面的知识你掌握得比别人多，并不能说明你全掌握了，况且还有太多的领域你不曾涉猎，所以要时刻告诫自己"学无止境"，在你懂得"不要骄傲自大，要谦虚勤奋，并不断地及时充实自己"以后，取得一番成绩就只是时间和机遇的问题，谦虚的态度会使得你的人生像迎着东风的帆船一样，一帆风顺。

》》编者手记《《

人生短暂，在历史面前只如白驹过隙。就算一个人不停地学习，他能掌握的知识也是极其有限的。学无止境，千万不可骄傲自大，必须谦虚谨慎，利用手头的工具不断充实自己。正因为如此，我们经常看到不少人工作以后依然继续充电学习。

如果有人说自己的水平已经足够了，不需要再继续学习了，这其实是他走下坡路的开始，只有不断学习，利用各种条件来提升自己的水平，我们才能不断进步。

※忠告2 不断学习，查漏补缺

"一旦你停止学习，整个世界将从你旁边呼啸而过。"

苏茜辞掉报社的工作以后，做了一段时间的社区义工，忽然感觉自己应该充充电，毕竟自己还年轻，可是，她应该学什么呢？是学一门外语或者继续自己新闻学的研究？时间是有限的，可是面对的选择实在太多了。她决定参考一下父亲的意见。

巴菲特听完女儿的讲述以后，很快有了答案。他告诉苏茜，人的学习无非有两个最重要的目的：一个是提升自己的优势，让自己的优势更加明显；另一个就是弥补自己的劣势，让自己和别人的差距变得更小。你必须清楚地知道自己的优点和缺点，才能有的放矢。

苏茜听完父亲的话以后，陷入了思索，显然父亲的生活阅历给她指明了方向。"尺有所短，寸有所长"，每个人都有优点和不足，关键要知道自己"长"在何处，"短"在哪里，才能扬长避短，学以致用。

人的一生中充满了荆棘，充满了困难，同时也充满了竞争。从孩提到晚年，从第一次考试到最后为升职做准备，都有竞争相随。有竞争才会有进步，在竞争中才能认清自己的优势和劣势，认清自己和别人的差距。比如，同一个单位中，总是有着不同学历的人，他们从事的工作，你一定是干不好的吗？答案是否定的。但就是这一点点的差距，也会影响你的一生。

有一句话说得很好："差距是不可能避免的，但缩小和别人的差距，弥补差距，是有可能的。"所以要清楚地、准确地认清自己，弥补自己的不足，这便是在竞争中取得胜利最简单也最直接有效的方法。

苏茜静静地想了很久，决定去学习一门外语，因为她很想去世界各地旅游，掌握一门外语十分重要。巴菲特很满意女儿的回答。

在竞争的社会中，失败的人永远是那些不会充实自己，不懂得成长的人，没有人生下来就是成功的，即使再聪明的人也需要学习别人的长处来弥补自己的不足。

由于每个人成长和生活的环境不一样，所以每个人的成长经历、思维习惯和看问题的角度、方法都各不相同，在生活中，处处有能人，处处有学问，同一个工艺品，能人制作起来，往往比一般人更快、更好。这是因为能人更善于发现别人的好处，吸取别人的经验，让自己的技艺更加精湛。

人的成长过程，就是一个不断发展自我、充实自我的过程。一个人要想不断地成熟，不断地超越自我，就需要取长补短充实自己，让自己变得轻松的竞争法则就是获得更多的知识、能力和资本。

巴菲特告诉女儿，我们之所以要不断地学习，来弥补自己的不足，发挥自己的优势，就是为了让自己拥有丰富的知识储备，来应对层出不穷的问题。

巴菲特认为一个人如果有非常大的智力储备，极其稳定的判断力，以及沉着冷静的性格，那么当他陷入巨大的痛苦或者紧急事件的时候，他就不会动摇和颤抖。巴菲特给女儿举了这样一个例子：在军队里有这样一条不成文的规定：那些打算装备战舰的大炮，都要被运到一个港口，装填进超过其正常容量很多的火药，然后开火，看看它们会不会因此而爆裂，有很多大炮无法承受这种严格的测试，尽管在正常使用的情况下，它们并不会爆裂，但是军队必须保证所装备的大炮能胜任任何可能突发的情况。

对于每一台发动机或者机车，在其正常使用所要求的功率以外，总会有一个额外超出的保留量，如果你定制一个二十马力的发动机，制造者会给你一个三十马力的——多出十马力的发动机，这个超出的马力，并不是必需的，但是，制造者必须为紧急情况做准备，它们必须确保，发动机拥有潜在的动力。

知识储备也是同样的道理，如果没有强大的知识储备，在关键时刻就很容易出差错。歌德说："人不是生来就拥有一切的，人是靠从学习中所得到的一切来造就自己的。"凡是想要实现伟大目标的人，就必须不断地学习，学习，再学习。

同时，巴菲特认为，我们必须头脑清醒，知道自己应该学习和补充什么，炮弹里必须填充炸药，而不是水泥，发动机需要提高功率，你把发动机外观做得再漂亮，不改变内部线路也是无济于事。

睿智的人，能够看清自己的短板，不断查漏补缺，让劣势不再拖自己的后腿。学习知识，补充自己的知识储备是人生必不可少的事情，不断学习更是人们取得成就的需要。用知识改造的不仅仅是你的头脑，更是你的生活。只有你的头脑达到了相当的境界，你的人生才会过得和别人不一样，你对知识的驾驭能力、对问题的解决能力、对资源的整合能力，都是你快速取得成功的法宝。而这些能力从何而来？从你的不断学习中来。

人们时刻都在竞争，而你有了资本才能和别人竞争，资本越大，你赢的机会就越大，你的资本就是通过你不断学习而储备的知识，如果你胸无点墨，那么给你再好的纸和笔，你也写不出一篇好文章，成功的人懂得不能放弃学习，因为放弃学习就等于选择与时代脱轨，那么必定会被社会所淘汰。当代社会是信息社会，要想比别人先一步成功，就必须用最快的速度把握最新的消息，而这消息也就是知识。

巴菲特有很多朋友都信奉犹太教，他们中不乏在全球都赫赫有名的大富翁。在犹太教中，勤奋好学不但仅次于敬神，而且也是敬神的一部分。在当今世界的众多宗教中没有一种宗教像犹太教那样对学习和研究如此"强调"。

犹太人对于知识问题，有一个相当实际的认识：知识就是财富。巴菲特的一位犹太人朋友曾经给他讲过这么一个典故，来说明犹太人对知识的理解：

有一次，一艘大船出海航行，船上的旅客尽是些大富翁，唯有一个人例外，他就是拉比。富翁们闲着没事，就互相炫耀自己所拥有的巨额财富。正当他们彼此之间争论得不可开交之时，拉比却说："我觉得还是我最富有，只是现在我的财富不能拿给你们看。"

半途中，海盗袭击了这艘船，富翁们的金银财宝等全被抢掠一空。

海盗们离去后，这艘船好不容易抵达一个港口，但已没有资金继续航行了。

下船后，拉比因其丰富的学识和高尚的人格，立刻受到居民的器重,被请到学校里去教导学生。过了一段时间,拉比偶然遇上那些曾经同船旅行的富翁。如今,他们都已陷入朝不保夕的凄凉境地。

富翁们深有体会地对拉比说:"你以前讲得一点儿不错,一个有学问的人,等于什么都拥有。"

从这则故事中,犹太人得出的结论是:由于知识可以不被抢夺且能够随身带走,所以教育是最重要的。

犹太人的这个结论,十分直观、十分实际。在当今世界上,知识就是财富,受教育程度同收入的关系是非常明显的。

掌握一门本领,扩充自己的知识面,找到自己的弱点,让自己变得越来越强。知识就是力量,这是一条亘古不变的真理,在任何时代,任何时候都不会动摇。

》》编者手记《《

笔者业余时间也想充充电,因为在今日的社会,人与人的差距越来越小,竞争却越来越激烈,要想做出点成绩来,你必须具有和别人的差异性。

现在社会上各种培训班数不胜数,让人目不暇接,究竟选择什么样的技能充电,能让自己的知识体系更加完备呢?这就要看你自身的短板在什么地方了。人无完人,金无足赤,每个人都有或大或小的缺点,只有通过学习和补充知识,我们才能不断地完善自己。

※忠告3　知识是用来使用而不是炫耀的

"可能有虚伪的谦虚，但绝没有虚伪的骄傲。"

彼得退学以后，独自搬了出来，租了一个小房间，醉心于自己的音乐创作，由于没有足够的资金，彼得常常拆东墙补西墙，忙得焦头烂额。

有一天，彼得开着自己的二手小汽车出门办事，忽然看到一位曾经的同学，彼得于是很愉快地和这个同学打了一声招呼，两个人寒暄了一会儿，那位同学问彼得现在在做什么。"在筹备一个乐队，现在天天可把我忙坏了。对了，你现在在做什么呢？"

这位同学扬起了眉毛，有些得意地说："我啊，我现在在当教授的助教，呵呵。"然后和彼得侃侃而谈自己最近正在做的项目，言语之中对彼得这种"不务正业"颇有一些揶揄之色。

和这位同学分手以后，彼得感到又好气又好笑。他分明从这个同学的眼中看出了把知识当成狂妄的资本。巴菲特一直教育孩子们，低调做人，平等待人，对于巴菲特一家人来说，丰富的知识是帮助你成功的工具，但绝不是用来炫耀和看低别人用的。比如巴菲特自己，他也不是什么高学历出身的人，所以常常在投资上被一群高高在上的专家冷嘲热讽：巴菲特投资只是运气好而已！

然而巴菲特丝毫不在意，他觉得学历是一种身份，并不能说明什么，知识如果不能用于显示生活，而只是像孔雀羽毛一样五彩缤纷却只是装饰品一样，那么这个知识还有学的价值吗？

后来巴菲特不断地在投资市场上大杀四方，声名远播，这些高高在上的专家终于闭上了嘴巴。社会上，总有这么一群人，他们读书求学的目的，不是学到真正的本领，而是为了一个炫目的学历，一个炫耀的资本。知识并没有从根本上改变他们的思维结构，他们没有从书本上学到真正的本领，而是学会了虚荣和炫耀。

巴菲特从小就教育孩子，不要被一些虚幻的东西迷失了双眼，而是要踏踏实实地做事，"低调做人，高调做事"。爱慕虚荣，自吹自擂，眼高手低这种行为一直是巴菲特深恶痛绝的，所以彼得从小就明白了这个道理。

虚荣是自尊心的过分表现，不过，也是我们生活中的常见现象。他们总是喜欢谈论有名气的亲戚、朋友。热衷于时髦服装，对高学历过于迷信。饥肠辘辘，但不愿进低等餐馆。不懂装懂，事后又感到后悔。自己做的事情没有成功，多强调客观原因。热衷于追求一鸣惊人的成果。对名著等只求一知半解，用来应付谈论。对表扬沾沾自喜，记忆犹新。对人表面热情，内心冷漠，好在同学间讨好，谈话中爱打断对方讲话。当同学、朋友取得成就或某方面强于自己时，内心便感到不悦和不服气……就说明他是一个虚荣心稍微偏多的人。

其实在人的一生中能够自立根基的事不外乎两件：一件是做

人，一件是做事。的确，做人之难，难于从躁动的情绪和欲望中稳定心态；成事之难，难于从纷乱的矛盾和利益的交织中理出头绪。而最能促进自己、发展自己和成就自己的人生之道便是：低调做人，高调做事。低调做人既是一种姿态，也是一种风度，一种修养，一种品格，一种智慧，一种谋略，一种胸襟。低调做人就是用平和的心态来看待世间的一切。低调做人，更容易被人接受。一个人应该和周围的环境相适应，适者生存。曲高者，和必寡；木秀于林，风必摧之；人浮于众，众必毁之。低调做人才能有一颗平凡的心，才不至于被外界左右，才能够冷静，才能够务实，这是一个人成就大事最起码的前提。

高调做事是一种境界，是做事的尺度。高调做事不仅可以激发人的志气和潜能，而且可以提升做人的品质和层次。高调做事也绝对不等于"我尽自己最大努力"去做事，而是应该有一个既定目标。一个人只有有了目标，才有可能全身心地投入，其成事必然顺理成章，其人生必然恢宏壮丽。低调做人，高调做事，是一门精深的学问，也是一门高深的艺术，遵循此理能使我们获得一片广阔的天地，成就一份完美的事业，更重要的是我们能赢得一个内涵厚重、丰富充实的人生。

在巴菲特成为世界上数一数二的投资大师以后，他依旧保持着自己低调谦和的习惯，有时候有人来奥马哈拜访巴菲特，和他分享心得，巴菲特就会驾驶着他那辆蓝色的"林肯城市"轿车跑上1.5英里，穿过市区，到机场亲自去迎接，没有丝毫的派头。

作为一个简单低调的人，都知道应该把聚光灯打到帮助自己的人身上，而不是使自己引人注目，他清楚地知道，没有别人的支持，他什么也不是。

当客人离开的时候，巴菲特会在送他们回到机场之前，顺道带他们去麦当劳吃午餐，这可能又会令这些知名政客或大公司的CEO大吃一惊。

第一次给巴菲特打电话的人会很震惊地听到一声亲切的"喂"，当他们发现巴菲特是自己接电话的时候，经常会对此大惑不解。

巴菲特把对人的谦和融入自己的生活和工作理念中，并且时时按照这个标准去做，这也是巴菲特具有良好的人缘和赢得世人以及合作伙伴乃至竞争对手的广泛尊重的原因所在。

可以说，恃才傲物是做人的一个大忌，当你取得成绩时，你要感谢他人，与人分享，对人谦卑，这正好让他人吃下了一颗定心丸，如果你习惯了恃才傲物，看不起别人，那么总有一天你会自食其果。

叔本华说："虚荣的人被智者所轻视，愚者所倾服，阿谀者所崇拜，而为自己的虚荣所奴役。"一语道出了虚荣者何以打肿脸充胖子的原因。人人都有自尊心，当自尊心受到损害或威胁或过分自尊时，就可能产生虚荣心，如珠光宝气招摇过市、哗众取宠等。克服虚荣心，先要认识到它的不可取之处。

狂妄是一种递增的发展事物，好像一只被吹起来的气球一样，总是希望越吹越大。

生命的狂妄是无限的，当了皇帝还想成仙，满足了一个愿望，随之又产生了两三个愿望。满足了这个细小的愿望，很快又新生了那些庞大的愿望。

狂妄不同于功名心。功名心是一种竞争意识与行为，是通过扎实的劳动取得功名的心向，是现代社会提倡的健康的意识与行为。而狂妄则是通过炫耀、显示、卖弄等不正当的手段来获取荣誉与地位。

狂妄的人往往是华而不实的浮躁之人。这种人在物质上讲排场、搞攀比，在社交上好出风头，在人格上很自负、嫉妒心重，在学习上不刻苦。

狂妄最大的后遗症之一是促使一个人失去免于恐惧、免于匮乏的自由；因为害怕羞辱，所以不定时地活在恐惧中，经常没有安全感，不满足；而狂妄的人，与其说是为了脱颖而出，鹤立鸡群，不如说是自以为出类拔萃，所以不惜玩弄欺骗、诡诈的手段，使狂妄得到最大的满足。

从近处看，狂妄仿佛是一种聪明；从长远看，狂妄实际是一种愚蠢。狂妄者常有小狡黠，却缺乏大智慧。狂妄的人不一定少机敏，却一定缺远见。

狂妄的心理与戏剧化人格倾向有关。爱狂妄的人多半为外向型、冲动型、善变、做作，具有浓厚、强烈的情感反应，装腔作势、缺乏真实的情感，待人处世突出自我、浮躁不安。狂妄的人，多存在自卑与心虚等深层心理的缺陷，狂妄只是一种补偿作用，竭力追慕浮华以掩饰心理上的缺陷。

知识是用来使用的，是用来改造、促使社会和人类文明进步的，而不是自吹自擂的资本。生活中事物在不断地变化，做好充分的准备，挑战一切新事物，这才是年轻人应该做到的。现在的时代正是一个以知识、智力和创新能力为基础的知识经济时代。"知识变成能力才有用，能力作用于知识才有力量"，能力是人们成功地完成某种活动所必需的个性心理特征，人们常常在思索怎样有效地把知识变成能力，其实只有不断地学习，不断地创新，才能将自己所学的知识发挥到极点。

巴菲特认为，做事与做人，是硬币的两面，高调做事者，必须同时追求人际关系的和谐；低调做人者，也必须学会不避嫌怨，高调做事。要想做事，必须先做人，这是一门精深的学问，也是一门高深的艺术。遵循此理能使我们获得一片广阔的天地，成就一份完美的事业，更重要的是我们能赢得一个蕴含厚重、丰富充实的人生。

"欲成事先成人"这也是人一生做人做事的准则，其中蕴含的道理绝非三言两语就能说清的，它需要生活的积累，需要生活的历练。

》》编者手记 《《

巴菲特有这么一句名言："你能脱颖而出，不是因为你的智商可以达到200，而是因为你的行为举止，你能带来什么，你的精力，你的承诺,你做事的质量,你的为人处世之道。"知识改变我们的命运,但它绝不是我们贬低别人的资本,知识是一种伟大的力量,它应该让我们谦和、平静,而不是狂妄与自大。

第五章　找到一群值得信赖的朋友

※忠告4　友情是生活必不可缺的调味品

"他（接班人）必须具有独立思考，情绪稳定并深刻了解人类与机构行为等特质。"

十几年前，比尔·盖茨和沃伦·巴菲特是两个互不相干的人，彼此只闻其名，不识其人，两个人甚至还有很深的偏见。盖茨认为巴菲特固执、小气、靠投资发财，不懂先进技术；巴菲特则认为盖茨不过是运气好，靠时髦的东西赚了钱而已。但是，后来他们成了商场上不多见的莫逆之交，巴菲特多次公开表示，此生最了解他的人就是盖茨，而盖茨尊称巴菲特为自己人生的老师。

1991年春天，盖茨收到一张邀请他参加华尔街CEO聚会的请帖，主讲人就是巴菲特。在会议室里，巴菲特与盖茨认识了，两个人恰好坐在了一起，当巴菲特讲述自己的童年和对世界经济的看法时，两个人惊奇地发现，他们有太多的共同点：都是白手起家，热衷冒险，不怕犯错误。一个有趣的情节是，意犹未尽的巴菲特被催促着来到演讲台上,他的开场白竟然是:"在开始讲话之前,我想说的是,今天我第一次和比尔·盖茨交谈,他是一个比我聪明的人。"

随着交往的深入,两个人都产生了惺惺相惜的感情,盖茨渐渐了解巴菲特并不是一个冥顽不灵的"老家伙",而巴菲特也知道盖茨并不是一个"暴发户",两个人对待财富的看法可谓是不谋而合,于是在2006年,盖茨宣布将逐步退出微软,专心从事慈善基金会的事业,紧随其后,6月25日,巴菲特决定将370亿美元的资产捐给盖茨的基金会,他动情地说:"我之所以选择这个慈善基金会,一方面是因为我认为它是世界上最健全的慈善组织,另外就是因为我十分信任盖茨和梅琳达,他们是我最好的朋友。"

巴菲特告诉孩子们,人生不可能独行,你必须拥有自己的一群朋友,一个人生知己,不仅能在关键时刻为你指点迷津,还能在你春风得意的时候为你欢呼呐喊,在你沮丧失意的时候拍拍你的肩膀,为你分担忧愁。

所以,巴菲特从小就让孩子们多和社区里其他的小朋友一起玩,童年纯真的友谊往往会让人一生难忘。在孩子们长大以后,巴菲特也教育他们经常结交良师益友,提升自己的修养。

有一句名言是这么说的:"你把你的心灵交给了朋友,朋友回赠你的,同样是玫瑰的芬芳。"人是群居动物,孤独会让人寂寞。可以说,友谊是滋润人生的源泉。世界上没有人能够完全离群而独居,人总是要过群体生活的。在人类社会中,每一个人都像葡萄藤上的一根杈枝，其生命完全依赖于主藤。杈枝什么时候脱离它的主枝，什么时候就要萎缩枯干。一簇葡萄之所以味美色香，完全是因为依在葡萄的主枝上，单单靠分枝是无能为力的。假如把分枝从主枝上剪下来，那么分枝上的葡萄就要枯萎。

我们社会中有许多依靠朋友力量而成功的人，假如对他们的成功过程一一研究，是一件很有意义的事情。一位作家说过这样的话："现代社会，人们完全靠一个规模庞大的信用组织在维持着，而这个信用组织的基础是建立在对人格的互相尊重之上，任谁也无法单枪匹马在社会的竞技场上赢得胜利，获得成功。"

为什么我们要结交朋友呢？有些心理学家认为，朋友间能互相取长补短，因为朋友之间互相照顾，即使像帮对方从头发里拨出一只虫子这种小举动，也是互相关心与体贴的表现。确实，复杂、微妙却美好的人际关系是很难用简单数语解释清楚的，但千万不要忽略了其中一个因素：满足。为什么别人能吸引你呢？因为他们供给你快乐的源头。如果想在二人所形成的人际关系中发觉每样事物都尽合心意是不太可能的，但一个成功的相处关系必定存在着某种程度的互相满意。朋友扩大了你的生活圈与见闻，并且协助你探索这世界，引领你接近更多的想法。就像一位朋友邀请你到他私人的俱乐部打网球，或是将全套的露营用具慷慨借给你，或是告诉你一些好玩的游戏或介绍你读些好书，或是带你到能以低价买到好酒及漂亮衣服的地方——也许他有些你能利用的技能或知识，也许他能教你一些做生意的窍门或是帮助你替孩子选择一所优秀的学校。

在事业上，能找到一个志同道合、相互扶持和相互信赖的搭档无疑是幸运的，这比起在单打独斗的困顿中艰难跋涉要轻松得多，而且取得的成功也将是更大的。在投资方面，巴菲特也有这样一个值得信赖的搭档——查理·芒格，他甚至将这个搭档看作自己的英雄。

在投资圈里，也许芒格的威望要逊于巴菲特，但是，必须承认的事实是，只要芒格一开口，巴菲特就会认真倾听。正如巴菲特的长子评价芒格时所说："我爸爸是我所知道的'世界上第二聪明的人'，第一是谁？查理·芒格。"芒格在巴菲特的投资事业上起了至关重要的作用，巴菲特创造的许多经典投资案例，以及他买入的种种牛股，其实有相当一部分是芒格帮他物色的。

在成功的道路上，自身的努力拼搏当然是最重要的力量，但是如果旁边没有人为你摇旗呐喊，摔倒时没有人伸手将你扶起，孤军奋战的你一定会被痛苦压倒，被孤独打败。所以，人活在世上几十年，拥有朋友的日子是幸福的，我们应当对朋友的关怀、信任、宽容、善待心怀感激。

关于友情，巴菲特曾经讲过这样一个故事：

一天，有两位朋友在沙漠中迷失了方向，面临死亡。这时天神出现了："我的孩子，前面一棵树上有两个果子，吃下大的那个，就能抗拒死亡，走出沙漠；而小的那个，只能令你苟延残喘，最终还会极痛苦地死去。"

两个朋友向前走了一段路，果然发现了一棵树，也发现了树上的两个果子。可是，他们谁也不去碰那个会给一个人带来生命之光的果子。夜深了，两个好朋友深情地凝望着对方，他们都相信，这是他们的最后一晚。

当太阳从沙漠的一端再次升起的时候，其中一个朋友醒过来，他发现，朋友走了，而树上只剩下一个干巴巴的小果子。他失望了，不是因为死亡，而是因为朋友的背叛。他悲愤地吃下了这个果子，继续向前方走去。大约走了半个小时，他看见了倒在地上的朋友，朋友已经停止了呼吸，可是他的手里紧紧握着一个更小的果子。

把生的希望留给朋友，把死的恐惧留给自己，我们不能单单用"伟大"两个字来表达内心的感受，使朋友的生命得到延续，这种友情已经达到了一种极致。

人们常说"知音难遇"。真正的友谊非常难得，一旦被你遇到，请千万不要错过，友谊不仅能使人有心灵的寄托，更能化解心中的阴影。交友贵在交心、交人品。酒肉朋友不交，势利小人不交，阳奉阴违者不交，为富不仁者不交，倚权仗势者不交，欺小恶老者不交，口是心非者不交，无信无德者不交，恃强凌弱者不交。

如果能珍惜每一次与别人接触的机会，积极主动地关怀别人，那你一定会有一个和谐融洽的人际关系，你的生活也会因此而受益。

无论是谁，都会遇到与自己合得来和合不来的人。跟与自己合得来的人当然能很好地进行交流和沟通，即便不交流也能建立良好的人际关系，问题是如何与和自己合不来的人建立起和谐的人际关系。

为了与和自己合不来的人建立起良好的人际关系，自己平时多用心、多留神是非常必要的。在掌握了人际关系基本常识的基础上，当遇到什么事的时候，要试着改变一下自己的思维，改变一下自己的观点、看法。做这些努力对彼此之间关系的好转大有用处。

感恩朋友，因为他可能在我们人生道路上的关键之处起到推动作用，即使并非如此，朋友的言行也是我们的一面镜子，可以暴露我们的缺点，让我们认识自己的才能，反省自己的言行。感恩朋友，善待朋友，便是给自己架设一座通往未来的桥梁，同时也是为自己构筑一个幸福的平台。

>>> 编者手记 <<<

我们常看到这样的人，不论遇到什么事情，他的周围总会站着很多朋友。但也有这样的人，他就像一个套中人，在他的身上总是有一层厚厚的隔膜，令人们避而远之，这种人不要说做肝胆相照的知己朋友，就是一般的朋友也没有。

为什么有人能够生活在朋友的关怀和温暖之中，而有的人却不能？原因很简单，你以真诚待人，必定换来真诚，你对人毫无私心，别人对你也不会斤斤计较。相反，你若对朋友缺乏真诚，不能真心待人，你永远都不会有真正的朋友。所以，在生活当中，你如果想获得美好的友谊，就要常做"赠人玫瑰，手留余香"的事情，这包括朋友有难时的慷慨解囊，朋友困惑时的心灵帮助，朋友快乐时的共同分享。

※忠告5 取人之长，补己之短

"任何一位卷入复杂工作的人都需要同事。"

霍华德投入农场建设以后，深切地感受到自己知识和经验的双方面不足，如何规划好季节蔬菜，如何进行渠道销售，如何管理，这都让初出茅庐的霍华德感到焦头烂额。

正当他一筹莫展的时候，忽然想起了自己的好朋友大卫，大卫如今在联合国粮食及农业组织担任技术人员，为何不找他给自己出点儿主意呢？

很快，霍华德给大卫打了一个电话，两个人在电话里相谈甚欢，大卫决定周末的时候来霍华德农场帮帮忙。

周末，大卫开着车来到霍华德的农场，他仔细分析了霍华德目前遇到的发展"瓶颈"以及解决方案，并将自己的助手推荐给霍华德，在大卫助手的协助下，霍华德的农场很快步入了正轨。

在成年人的世界中，流传着这样一个不成文的定律：你周围6个人的价值的平均水平，就是你的价值。这个规则说明的是，身边的朋友对我们而言，就是衡量自身价值的一个重要指标——你周围的朋友优秀，可想而知，你也是不错的，你周围的朋友毫无理想和追求，那你可能在放纵自己。

谁都不是单独生活在社会中的个体。在生活中，我们难免会形成这样或者那样的关系，比如师生关系、父子关系、朋友关系、同事关系，这些关系的背后，就说明了我们的人生是和怎样的人度过的。亲人父母不能选择，但朋友都是我们自己选择的。选择朋友的眼光，就是你自己的人生标准。

但是不是因为朋友异乎寻常地重要，我们就不交朋友了呢？特别是那些认为自己的能力强，个性独特的人，认为自己是不需要拥有朋友的。其实这样的想法非常危险，社会的法则就是："只依靠个人的力量取得成功的人，一定会付出超乎常人的代价。"

每个人身上都有优点，如果身边的每一个人都能够将自己的优势利用在你的身上，那么你的力量将是无穷的。可是，生活中很多人并没有认识到这一点，他们紧紧地锁住自己，为的是能够全神贯注的拼搏。可是，他们不知道，当你集中了精神只守着自己的那一小块天地的时候，你已经失去了由人脉构建起来的更为广阔的沃土。

巴菲特举过这样一个例子：

有个女孩叫凯丽，她出生于贫穷的波兰难民家庭，在贫民区长大。她只上过6年学，只有小学文化程度。她从小就干杂工，命运十分坎坷。但是，她13岁时，看了《全美名人传记大成》后突发奇想，要直接和许多名人交往。她的主要办法就是写信，每写一封信都要提出一两个让收信人感兴趣的具体问题。许多名人纷纷给她回信。此外，还有一个方法，那就是凡是有名人到她所在的城市来参加活动，她总要想办法与她所仰慕的名人见上一面，只说两三句话，不给人家更多的打扰。就这样，她认识了社会各界的许多名人。成年后，她经营自己的生意，因为认识很多名流，他们的光顾让她的店人气很旺。最后，她不仅成了富翁，还成了名人。

和有名的人成为朋友，凯丽也变得出名了。我们虽然不主张借别人的名气来抬高自己，但你与优秀的人结交，至少你能知道什么是优秀，你与优秀的距离有多远。

个人大部分的成就总是蒙他人之赐、借他人之力，保持周围人的高水平，就是保持自己的高水平。

苏茜也碰到过同样的问题。苏茜曾经开过一个小商店，卖一些饰品、玩具等小玩意儿，可是，生意一直半红不火，这让苏茜很着急，于是她去问父亲，她该怎么办。

巴菲特笑了，他对女儿说："你是不是背着你的朋友开着这个商店？并没有告诉他们这个消息？"

女儿惊讶了，因为她的确没告诉朋友们她开店的事情，巴菲特告诉女儿，就算你做再好的生意，刚起步的时候，很难有好的经济效益，在城市中不管是什么样的店面，刚开业的时候都应该靠朋友给自己做一些宣传，而且朋友的意见和看法也是十分重要的，靠朋友给自己做一些宣传，这样朋友才会带他的朋友来，朋友的朋友带他的朋友来，这样发展下去，你的铺子不就盘活了？

有人说，朋友是最好的助手。因为他们了解你，知道你的优点和缺点，"当局者迷，旁观者清"，朋友们给你的帮助有时候会超出你的想象。

荀子说："假舆马者，非利足也，而至千里。假舟楫者，非能水也，而绝江河。"荀子有"君子性非异也，善假于物也"的东方智慧，牛顿也有"踩在巨人肩膀上"的西方智慧。

而朋友，就是我们最需要借鉴和依靠的"他人"。"利用"并不是完全丑恶的，它来源于人们在现实生活中各取所需的关系。一个人，无论是事业、爱情，还是生活等各个方面，都离不开人与人之间的相互帮助。借朋友之力，正是一个人高明的地方。

人人都渴望精彩的生活，人人都想有个尽情挥洒的舞台，但每个人都有自知之明，在这个巨大的舞台之中，"自我表演"并不是人人都可以一炮而红的。很多人雄心壮志，为自己定下了努力的目标。立志要出人头地，做事标新立异，然而结果却不尽如人意，没有你想要的那份惊喜；或许有些人根本就找不到出路，既心急又郁闷，活得很累。但是，也不乏成功的典范，他们并没有超人的能力，对于他们至关重要的就是，有一生受益的财产——朋友！

朋友，是不会枯竭的资源；朋友，是永远创出效益的资本；朋友，是你一生受用的财产，在你忍冻受饿的时候，他总会热情无私地支助你，帮你渡过难关；在你因无资本扩大规模的时候，他也会无私借款给你，帮你走向辉煌。

当你看到这里,发现自己并没有几个优质朋友的时候,先不要忙着去给你的朋友找缺点。也许,是我们自己在选择的时候迷失了方向,交友不慎,重要的责任还在于交友者自己没有坚持原则。虽然我们说三人行必有我师,但能与最优秀的三个人一起走路,岂不更好?

他山之石,可以攻玉。作为一名现代社会中的人,在拓展自己的人脉时,要能做到取长补短,广交朋友。我们不应过分计较他人身上的缺点,不应计较他人的身份、辈数、阅历等,而是应多看看别人的优点和专长,在需要时,把别人的优点和专长拿来为己所用,既弥补了自身能力的不足,又为自己事业的发展铺平了道路。

>>> 编者手记 <<<

话说在东汉末年的乱世之中,刘备、关羽、张飞相遇,桃园结义,成就了千古美谈,也奠定了西蜀国的根基。以后三分天下,刘备始为皇帝,关羽、张飞也成开国元勋、西蜀重臣。回头看看,刘备、关羽、张飞结义之时,三人均是草民。刘备虽是汉室皇亲,却落得流浪街市,贩席为生。张飞只是一个屠夫,粗人。关羽杀人在逃,无处立身。三人结义后,彼此借势,相得益彰。董卓之乱时,吕布为枭雄。刘备、关羽、张飞大战吕布,却只打成平手,可见吕布何等英雄。但吕布匹夫无助,枉自豪勇,最终被曹操所杀。而刘备、关羽、张飞却在三国中彼此相仗,日益得势,最终立国树勋。

还有句俗话说"三个臭皮匠,抵得过一个诸葛亮",几个好朋友聚在一起的力量，远远大于一个孤单英雄。用你的长处弥补我的短处，用我的优点修正你的缺点，相得益彰，共同进步，岂不快哉？

没有人能孤单成就霸业，比如吕布孤身一人，就算武力第一，最终也只能含恨沙场。任何时代，任何国家，独行侠都只会是人们津津乐道的一个传说。相反，真正在现实生活中取得一番成就的人，都是有很多人帮助和扶持的。你如果也想拥有自己的一片天空，那么，你必须首先拥有一群优质的朋友。

※忠告6 有的时候要会说"不"

"我有一个内部得分牌，如果我做了某些其他人不喜欢但自我感觉良好的事，我会很高兴，如果其他人称赞我做过的事，但我自己却不满意，我会不高兴的。"

巴菲特投资有他自己的一套标准，他重仓锁定集中持有的股票基本上都在金融、消费品、传媒等日常生活中熟悉的领域，比如可口可乐、华盛顿邮报、吉列刀片、富国银行所经营的无不都是每日所见的熟悉产品。他的不少好朋友都是从事网络行业的大亨，比如盖茨，可是巴菲特却对这些股票不是很感兴趣，对这些朋友的请求，他都拒绝了，因为巴菲特通常只投资那些现在的经营方式与5

年前甚至 10 年前几乎完全相同的企业。对于网络类的股票，巴菲特一直持谨慎和怀疑态度。

你可以说巴菲特老顽固，也可以说他看不到网络世界的前景，但是，面对这么多朋友的建议，他可以说"不"，坚持自己的原则，试问有几个人能做到？

说"好"和"不"是一个人在工作时必须做出的重要回应。这不仅是一种表明自我的重要方式，更可让别人了解我们生活的态度及能力，从而对我们自己有一个精准的评价。

拒绝是一门学问，有些时候我们本想拒绝，心里很不乐意却点了头，碍于一时的情面，却给自己留下长久的不快。所以，我们学好它至关重要，有利于提高我们的工作效率和生活质量。

巴菲特告诉孩子们，每个人都应该有自己的底线，不要因为朋友们的建议或者请求而干扰了自己的判断。高尔基曾经说过，每个人都是自己的统帅和主宰，要清楚一个人的人生剧本，不是父母的续集，也不是子女的前传，更不是朋友的外篇，所有人生的主角只有一个，那就是我们自己。

朋友的确可以给你提供很多帮助，但是千万不要以为朋友就是帮自己承担任何事情的支柱，或者是你的主心骨，真正的意见必须由自己来拿，朋友只是一种心灵倾诉的对象，是在你成功或失败时与你分享喜悦和悲伤的载体。

一位朋友因为经济拮据，向你张口借钱，尽管当时自己也很紧张，但你并没有勇气拒绝。等到自己需要钱的时候，却因为无法张口要回而异常烦恼，后来终于鼓足勇气去要时，却遭到了朋友的冷眼与责怪。这时候，你会怎样想？

其实，朋友的做法是可以理解的，人往往在极端情况下不会正常思考。造成这种局面的主要责任人，还是你自己。因为你的不会拒绝和别人的拒绝，你可能会失去朋友，失去快乐。同时因为不会拒绝，你失去了当时的宁静。

大部分人都认为拒绝是一种迫不得已的选择，实际上，拒绝更是一种主动的选择。

拒绝平庸的同时我们就选择了伟大；拒绝名利的同时我们就选择了实干与奉献；拒绝卑微，就选择了高贵；拒绝虚荣，拒绝装模作样，就选择了真实；拒绝冷酷，就选择了热情；拒绝无所事事、虚度时日，就选择了丰富的生活；拒绝责备，就选择了宽容与鼓励；拒绝懒惰，就选择了奋起奔跑；拒绝黑暗，就选择了阳光……

人的一生有多少次选择，就会有多少次拒绝。拒绝是一种艺术，它让我们在善待自己的同时也善待了别人。

很多人在面对朋友请求的时候，感到无法说出"不"字，而这些请求往往触碰了底线。当然，为朋友两肋插刀的义气也是必备的，面对朋友，牺牲一下自己的利益也是可以的，但是，如果他的请求是错误的，是违反法律的呢？你是否还会为面子而帮助他呢？

是的，拒绝自己的朋友，是一件很尴尬的事情，但我们有时候不得不这么做。

其实，真正的朋友并不是为了索取，而是为了奉献和付出，不是为了要被爱，而是要去爱。就像我们很少会向真正的朋友借钱，很少让朋友帮忙找工作，很少让朋友出面去解决困难。我们找的往往都是与自己有利益关系的人，友谊，很多时候是那么晶莹剔透，纯洁美丽，真不希望因为个人原因而让朋友承担起功利的作用。

1. 不要立刻就拒绝：立刻拒绝，会让人觉得你是一个冷漠无情的人，甚至觉得你对他有成见。

2. 不要轻易地拒绝：有时候轻易地拒绝别人，会失去许多帮助别人，获得友谊的机会。

3. 不要盛怒之下拒绝：盛怒之下拒绝别人，容易在语言上伤害别人，让人觉得你一点同情心都没有。

4. 不要随便地拒绝：太随便地拒绝，别人会觉得你并不重视他，容易造成反感。

5. 不要无情地拒绝：无情地拒绝就是表情冷漠，语气严峻，毫无通融的余地，这会令人很难堪，甚至反目成仇。

6. 不要傲慢地拒绝：一个盛气凌人、态度傲慢不恭的人，任谁也不会喜欢亲近他。何况当他有求于你，而你以傲慢的态度拒绝，别人更是不能接受。

7. 要婉转地拒绝：真正有不得已的苦衷时，如能委婉地说明，以婉转的态度拒绝，别人还是会感动于你的诚恳。

8. 要有笑容地拒绝：拒绝的时候，要面带微笑，态度要庄重，让别人感受到你对他的尊重、礼貌，就算被你拒绝了，也能欣然接受。

9. 要有代替地拒绝：你跟我要求的这一点我帮不上忙，我用另外一个方法来帮助你，这样一来，他还是会很感谢你的。

10. 要有出路地拒绝：拒绝的同时，如果能提供其他方法，帮他想出另外一条出路，实际上还是帮了他的忙。

11. 要有帮助地拒绝：也就是说，你虽然拒绝了，却在其他方面给他一些帮助，这是一种慈悲而有智能的拒绝。

更多的时候，对朋友说"不"是对我们自己的一种保护，是维持我们自己人生价值观和道德底线的一种选择，朋友毕竟不可能完全代表你的想法，不能事事为你做主，他们很多时候也是出于自己的利益而对你发出请求和邀请。而你，必须为自己负责，朋友所要想的也许并不是期望，你必须清醒地明白，每个人面对的人生都不同，人生道路上所遇到的事物也不尽相同。这个世界上没有谁可以帮另外一个人一辈子，即便是自己的父母也有老去的时候，而我们的朋友也一样，即使关系再亲密，能力再大，也不可能事事替我们操心，时时刻刻陪着我们。

≫ 编者手记 ≪

笔者见过很多人由于放不下面子，答应朋友一些违背自己意愿甚至违背法律的事情，最后朋友没帮上，自己也深受其害。其实我想，这样的仗义，这种所谓的友谊，不要也罢。试想，真正的朋友，会让你如此以身犯险吗？我们的心里必须有一杆秤，孰是孰非必须清清楚楚。

如何面对朋友的要求？是举手赞成，竭尽全力，还是有所保留，将信将疑？每个人都有自己的选择，总之，有一点是亘古不变的：你的路始终是自己在走。

第六章　时间是最昂贵的稀有商品

※忠告 7　管理不好时间的人将一事无成

"市场就像上帝，只帮助那些积极主动的人；但与上帝不同，市场不会宽恕一个不清楚自己在干什么的人。"

巴菲特认为金钱能够储蓄，而时间不能储蓄。金钱可以从别人那里借，而时间不能借。人生这个银行里还剩下多少时间也无从知道。因此，时间更重要。

投入多少不能用金钱来衡量，而是要用时间来计算。而且在时间和金钱这两项资产中，时间是最宝贵的。从你认识到时间的宝贵和时间亦有价格的那一刻开始，你将变得更富有。

许多人努力工作，并想通过节俭来储蓄更多的钱，但他们却浪费了很多时间。比如在百货商店里，很多购物的人，他们花了很多时间仅仅为了节约几块钱。他们可能节约了一点点钱，却浪费了很多时间。

你能够通过节俭来变富，你也可以通过吝啬来变富，但这要花很长的时间。比如，花 2 个小时和 320 美元坐飞机与花 2 天时间和 48 美元乘火车都可以从美国东海岸到达加州。穷人用金钱衡量价值，而富人用时间衡量价值。

当然，节约和勤俭应该提倡，但变富的关键是价值。而且，很多人都认为价值是用金钱来计算的。实际上，价值是用时间来计算的，因为时间比金钱更重要。很多人都想致富或去做富人进行的投资，但他们都不愿意投资时间。这就是一百个美国人中只有三个富人的原因，而这三个人中还有一个人是因为继承遗产而富有的。

你可以用一种自动的体系或投资计划来创造安全和舒适的生活。很多人只需要工作，然后把钱交给专业经纪人或机构去管理，由他们代为进行长期投资。以这种方式投资的人，可能要比自认为是华尔街高手的人强。遵循一个计划有步骤地用钱投资，对大多数人来讲是最好的投资方式。

但是如果想获得财富，就必须投资于比金钱更有价值的东西，那就是时间。大多数人想变得富有，但他们不愿意首先投资时间。他们宁愿去经营一些当前的热点投资项目或热衷于迅速致富的计划。或者，他们想匆忙地开始一项业务，而又没有任何基本业务知识。然后，你就不会奇怪为什么 95% 的小企业会在 5～10 年之内以失败告终了吧。他们匆匆忙忙地去挣钱，最后反而失去了金钱和时间。他们只想靠自己去干一番事业，却从未想过先投资学一些东西，或者按照一个简单的长期计划进行。如果一个人能简单地遵循一个长期计划的话，几乎每个人都很容易成为百万富翁，但还是有很多人不愿意投资时间，他们只想一夜暴富。

相反，他们会说"投资是有风险的"，或"要先有钱才能赚到钱"或"我没时间去学投资，我太忙了，我要工作，还要付账单"。

这些常见的观点和借口，就是只有少数人能抵达充满财富的世界的原因。这些观念，也可以用来解释为什么90%的人都有缺钱的财务问题，而不是钱太多的财务问题。正是这些关于金钱和投资有偏差的观念，导致了他们的财务问题。他们要做的就是改变一些说法、改变一些观念，这样他们的财务状况就会像变戏法一样发生变化。但大多数人工作太忙了，根本没有时间去思考他们究竟在忙些什么。他们经常说："我对学习投资不感兴趣，这个题目也不吸引我。"他们这样说的同时也失去了实现富有的机会。他们成了金钱的奴隶，整日为金钱所累，钱控制着他们的生活，他们勤俭节约，过着量入为出的生活。他们宁愿这样做，也不愿意投资一点儿时间，制订一个计划，让钱为他们工作。

如果你想进入富有的投资阶层，你就应该投资更多的时间。很多人不能超越安全和舒适两个生活层次，就是因为他们不愿意投资时间，然而这是我们必须做出的个人决定。一个人至少应该有一个安全稳定或舒适宽裕的财务计划。一个人没有这个基本计划，而致力于富有这个计划，真的是很危险的。当然也会有极少数人取得成功，但大多数人不会。你可以看到他们在晚年生活里，穷困潦倒，储蓄已耗尽，只能沉溺于过去的辉煌，谈论他们曾经几乎要成功的交易和拥有的金钱。当他们的一生结束时，既没有金钱，也没有时间。

时间的价值就像金钱的价值一样，完全体现在如何使用上。舍不得花费时间去获取更多的幸福，去使更多的人幸福的人，就是虚度年华。

>>> 编者手记 <<<

人生匆匆几十年，岁月如同白驹过隙，很快就从我们的指缝尖溜走。管理好时间，我们才能支配好自己的人生，让我们的生活与工作都能有效率的分配。只有懂得珍惜时间，我们才可能珍惜其他东西，因为时间过去就过去了，不可能回到过去。

在有限的时间里，有的人可以做出很多事，获得很大的成功，而大多数人却碌碌无为，平庸一生，区别就在于对时间的应用和把握上。其实，我们自己也可以思考，如何让我的一天过得更加有效率？

※忠告8　零星的时间同样由分秒构成

"无所事事真是一种罪过。"

巴菲特是一个雷厉风行的人，做事不喜欢拖泥带水。

在孩子们小时候,他就教育孩子们做事要果断,不要总把事情留在一大段时间里才肯去做,而应该抽出平时有空的时间来完成这些琐事。

"毫不迟疑,马上开始",这是一个成功者应该有的座右铭,这条座右铭将会使很多年轻人免于灾难,拖延的习惯是非常危险的,巴菲特认为,零星的时间其实也可以用来做很多有意义的事情,如果把这些时间拖延浪费,这种习惯是极其可耻的。

由于拖延、懒散和吊儿郎当而遭到失败的人,巴菲特见过很多,唯一可能的补救措施,就是毫不迟疑地着手开始面前的工作。要像抵御犯罪的诱惑一样,去避免拖延的习惯,充分利用零碎的时间。在你感觉到诱惑袭来的那一刻,马上集中全部精力去做必须要做而且是最困难的工作,千万不要从最容易的工作开始,而是迎难而上,坚持到底。

时间往往不是一小时一小时浪费掉的,而是一分钟一分钟悄悄溜走的。

人类对时间的意识和控制,随着社会的进步而逐渐加强。现代人计量时间的单位由时、刻、分、秒逐步精确到毫秒、微秒。

巴菲特曾说过一项令全世界懒汉瞠目结舌的声明:"我的成就归功于一点,我一生中从未浪费过一分钟。"

军事家苏沃格夫也曾说:"一分钟决定战局。我不是用小时来行动,而是用分钟来行动的。"

时间是构成生命的材料,谁了解生命的重要,谁就能真正懂得时间的价值。于我们而言最宝贵的不过是几十年的生命，而生命是由一分一秒的时间所累积起来的。

不善加利用每一分钟，日积月累会造成不可估量的损失，因为时间是永远无法返回的。

"事情就怕加起来。"这一古老的谚语也是说的这个道理。一切在事业上有成就的人，在他们的传记里，常常可以读到这样一些句子："利用每一分钟来读书。"

运动场上，以十分之一秒或百分之一秒的时间差，决定谁是纪录的创造者。在航海中，使用6分仪的海员，1秒钟的差错，将使他的观测相差1/4英里。人造卫星每秒钟飞行11.2千米，电子计算机每秒钟可以运行百万次、千万次、上亿次甚至几十亿次。高能物理实验，要求高能探测器在千分之一毫秒内精确地记录下高能带电粒子的径迹。

总之，对现代科学来说，"争分夺秒"已经不够了。

对时间计算得越精细，事情就做得越完美，如果在学习上你能以分为单位，对那些看起来微不足道的零碎时间充分加以利用，你就能在学习中有所收获。

古往今来，一切有成就的学问家都是善于利用零碎时间的。中国古代有位学者叫董遇，幼时双亲去世，但他好学不倦，利用一切可以利用的时间。

他曾经说："我是利用'三余'来学习的。""三余"，即"冬者岁之余，夜者日之余，阴雨者晴之余。"也就是说，在冬闲、晚上、阴雨天不能外出劳作的时候，他都用来学习，这样日积月累，终有所成。

许多人往往认为那些零散的时间没什么用处，其实这些时间看似很少，但集腋成裘，几分几秒的时间，看起来微不足道，但汇合在一起就大有可为。其实用零散的时间记忆零散的知识是很多成功人士的秘诀。

就拿学习外语来说，零散的知识主要是英语单词和语法，语文的语音、词语、标点、熟语等基础知识。

大块的时间可以用来读文章，记忆政、史、地等系统性很强的知识，而把那些零碎的知识写在小纸片上，随身携带，在零散的时间记忆是最好不过了。

其实，在你的日常生活中，有许多零星、片断的时间，如车站候车的三五分钟，医院候诊的半个小时等。如果珍惜这些零碎的时间，把它们合理地安排到自己的学习中，积少成多，就会成为一个惊人的数字。

巴菲特教育孩子，一定要善于利用零散的时间，要知道，一个人总是将今天就应该清偿的债务拖到明天，今天应该做的事情拖到后天……这样的人怎么能够指望他成功呢？

一个有准备的年轻人，或者一个坚决果断的人，会时刻为进一步的行动做好准备，这样的人才是最可能的胜利者。巴菲特认为，在人的社会力量中，能力与果断这两种品质对于成功是极其重要的。

前者是后者的结果，一个重视时间价值的人，会让自己的每一分钟都具有这样的意义，以至于他的生命，不可避免会被打上能力的印记。

对于时间，人们经常会自己原谅自己，你说要抓紧时间学习，他却说"等明天吧"；你说今天的事要今天做，不要推诿，他又说"有的是时间，明日做也不迟"。这种不珍惜时间的人其实会付出很大的代价。

时间是吝啬的，也是慷慨的。勤奋的人是时间的主人，懒惰的人是时间的奴隶。赢得了时间，就赢得了财富。抛弃时间的人，时间也会抛弃他。

珍惜时间，时间会把你的生活打扮得分外美丽；浪费时间，时间会使你的人生变得黯然失色。

珍惜时间就是在延长自己的生命，把零散的时间利用好，你会发现自己变得更加有效率，处理问题也将越来越自信，事业也会越来越成功。

≫ 编者手记 ≪

人生就像一首歌，有前奏、高潮，也有尾声，时间总是在眨眼之间就过去了。很多人年轻时碌碌无为，等到自己无力去改变生活的时候，才感叹自己的一生是多么平庸。

人的一生是短暂的，我们的精力也是有限的，要用这些有限的精力和时间去取得最大的成功，就必须珍惜每一天，从小事做起。

哲学家说，人生的波澜壮阔不是别人给的，而是自己给的，当我们利用那些从指缝间溜走的时间，渐渐地，你会发现，自己所做的每一件事都是成功的垫脚石。

巴菲特给儿女的性格忠告

第七章　不要忽略细节的力量

※忠告1　微笑是一种微妙的砝码

"世界上最无价的东西是人心，要想赢得别人的心，只有拿自己的心去交换。"

在纽约的一个高级宴会上，一位刚获得遗产的妇女急于给每一个人留下良好的印象，于是在黑貂皮大衣、钻石和珍珠上面浪费了好多金钱。但是她对自己的表情却没下什么功夫，表情冷漠尖酸、自私。她没有发现，事实上，每个人注意一个女子面部的表情要比她身上所穿戴的衣饰多得多。

微笑作为一种表情，它不仅是形象的外在表现，也往往反映着人的内在精神状态。一个奋发进取、乐观向上的人，一个对本职工作充满热情的人，总是微笑着走向生活、走向社会。在交际中，微笑的魅力是无穷的。它就像巨大的磁铁吸片一样，吸引着你周围的人。

关于微笑艺术，我们应该了解的是：首先，应具备正确的心理态度，要对这个世界和世人充满关切。要想取得巨大的成功，就必须如此。但是即使是例行公事般的微笑仍是有益的，因为那会让别人感觉快乐，并且别人会等价地回报你。在别人心中创造快乐的感觉，会使你自己也感到快乐。久而久之，你就能学会真心地微笑。

而且，在微笑时，任何的不愉快或不自然的感觉都在你心中趋向静止和平衡。向别人微笑时，你是在以一种巧妙而高尚的方式向别人坦露你喜欢他的心迹，他会理解你的意思而加倍喜欢你；微笑的习惯，带给你的是完美的个人形象和愉快的生活环境。

你喜欢接触性情乖戾、忧郁、不快乐的人，还是喜欢接触快乐而活力四射的人？这些神情和态度在人群中是有感染性的。因此，你应该用灿烂的微笑来影响你周围的人。

微笑的力量是巨大的，孩子们天真的微笑使我们想起了天使；父母的微笑让我们感到温馨；祖父的微笑让我们感到慈爱。拿最常见的事情来说，小狗见到主人时，那副欣喜若狂的样子就让人觉得小狗是最忠实的伙伴。

所以，在2008年的北京奥运会开幕式上，我们看到了来自世界各地的孩童笑脸的图片出现在大屏幕上；在奥斯维辛集中营的纪念馆内，也有大量受难儿童的照片——他们不是在哭泣，而是在微笑，而这微笑更加令人心痛。

加利福尼亚大学心理学教授詹姆斯说，微笑永远有魅力。这是有科学依据的：当你在微笑时，你的精神状态最为轻松，全身的肌肉处于松弛状态，而且，你的心理状态也相对稳定，当你那充满笑意的眼光与别人的目光相遇时，你的笑意会通过这道"无形的眼桥"传递给他，他会被你的快乐情绪所感染。自然而然地，你们之间的气氛会变得和谐。你们相处得融洽，交流起来也容易多了。反过来，如果你老是皱着眉头，拉着一副苦瓜脸，那没有人会欢迎你的。想获得交往的乐趣，首先必须使对方和自己快乐才行。

巴菲特的朋友杰克有一段"微笑改变生活"的经历：

"我结婚已18年，以前在家中，从没有对妻子展露笑容，可说是世上最难伺候的丈夫了。为了完成关于笑的试验，我就试着笑一个礼拜看看。就在隔天的早上，我边整理头发，边对镜中板着脸孔的自己说：'比尔，今天收起这种不愉快的表情吧，让我看看笑容，赶快去笑吧！'早餐的时候，我就一面对太太说'早安'，一面对她微微一笑。

"我太太非常吃惊。事实上，不但如此，她简直是深受震撼。从此我每天都那样做。到目前为止，已经持续了两个月。

"态度改变以来的这两个月，前所未有的那种幸福感，使我们的家庭生活十分愉快。

"现在，每天走入电梯我会对服务生微笑道'早安'，对守卫先生也以微笑招呼，在地铁窗口找零钱也是这么做的。即使在交易所，对那些没看过我笑脸的人，也都报以微笑。

"不久我发现，大家也都还我一笑，而对于那些有所不满、烦忧的人，我也以愉快的态度与其相处。在带着微笑倾听他们的牢骚后，问题的解决也变得容易多了。而且笑容也能使人增加很多财富。

"我也不再责备人，反而懂得去褒扬别人；绝口不提自己所要的，而时时站在别人的立场体贴人。正因为如此，生活上也整个发生了变化。现在的我和以前的我完全不同，是一个收入增加、交友顺利的人了。我想，作为一个人，没有比这更幸福的了。"

出门时抬头挺胸，然后做个深呼吸，呼吸一下新鲜空气。笑脸迎人，诚心和人握手，即使被误会也别担心，且不要浪费时间去设想你的敌人，认真决定想做的事情，然后向目标勇往直前。并且把心放在那些伟大光明的工作上。心理的活动是微妙的。而正确的精神状态就是经常保持勇气、率直和明朗。正确的精神状态也具有优越的创造力。一切的事物都是由愿望所产生，而祈求者的愿望会得到回应。正确的思想就是创造，所有事情都来自欲望。昂起你的头，露出你的笑容吧！

如果你不善于微笑，那么，强迫自己露出微笑。如果你是单独一个人，强迫自己吹口哨，或哼一支小曲，表现出你似乎很愉快，这就容易使你愉快。按照巴菲特的说法，"行动似乎是跟随在感觉后面，但实际上行动和感觉是几乎平行的。而控制行动就能控制感觉。"因此，如果我们不愉快的话，要使自己愉快起来的积极方式是：愉快地行动起来，而且言行都好像已经愉快起来。

有一则圣诞节的广告说微笑在圣诞节的价值是：它不花什么，但创造了很多成果。它使接受它的人满足，而又不会使给予它的人贫乏。它在一刹那间发生，却会给人永远的记忆。没有人富得不需要它，也没有人穷得不拥有它。它为家庭创造了快乐，在商业界建立了好感，并使朋友间感到了亲切。它使疲劳者得到休息，使沮丧者看到光明，给悲伤的人带来希望。但它却无处可买，无处可求，无处可偷，因为在你给予别人之前，它没有实用价值。

当你不知道自己和新朋友、新老师见面的时候带怎样的见面礼，就带上一个真诚的微笑，那将成为最好的语言。

>>> 编者手记 <<<

面带微笑的人，他的敌人一定不会太多。而不少人却不懂得这个道理，他们用冷峻的外表掩盖自己的内心，或者让生活的苦难遮盖了自己的笑容。俗话说："全壶摇不响，半壶响叮当。"装了半壶水的人一直在喋喋不休地抱怨不公平，而那些懂得在生活中微笑的人，却默默不语地忍受着、前进着、努力着……在工作中一味地抱怨，只会让自己离优秀越来越远。

尝试着微笑吧，让笑容撕裂天空的阴霾，让你的内心不再乌云密布，让和煦的阳光也能照耀你的心底。

※忠告2　抱怨只会让事情越来越糟

"抱怨是一种恶习，越抱怨越退步。"

银行的信用卡广告中经常会有这样一句广告语：让你提前享受

明天的生活。从经济学的角度看，合理的"预支"会让你的生活更加美好。在我们学习如何运用秘密的法则的过程中，"预支"就是其中的关键所在，只不过我们要学会预支的，不是我们的金钱和其他有形物质，而是我们"相信已经得到"时的那种快乐的感觉。

巴菲特认为："快乐的脚步不会因为我们承受了太多的痛苦而到来。"当你学会预支快乐的时候，内心就会受到强烈的鼓舞，整个人散发出一种愉悦的状态，所有的痛苦和霉运就自然远离你的生活。

"生年不满百，常怀千岁忧，昼短苦夜长，何不秉烛游？"我们的先人早在两千多年前就已经传递给了我们快乐的奥秘。但是我们常常缺乏的，正是预支快乐的勇气，我们不敢——就像我们不敢刷爆我们的信用卡，哪怕只有一次。我们总习惯于积谷防荒，这个道理当然没有错，问题是你需要积多少谷才能有效防止人生的灾年呢？

巴菲特曾经给孩子们讲过这样一个故事：

一个刚入寺院的小沙弥，心有旁骛，忍受不了寺院的冷清生活，甚至有了轻生的念头。这一天，他独自走上了寺院后面的悬崖，就在他紧闭双眼，准备纵身跳下时，一只大手按住了他的肩膀。他转身一看，原来是寺院的老方丈。

小沙弥的眼泪马上流了出来，他如实告诉方丈，自己已看破红尘，只想一死了之。

老方丈摇摇头，对小沙弥说："不对，你拥有的东西还有很多很多，你先看看你的手背上有什么？"小沙弥抬手看了看，讷讷地说："没什么呀！""那不是眼泪吗？"老方丈语气沉重地说。小沙弥眨眨眼睛，又是热泪长流。老方丈又说："再看看你的手心。"

小沙弥又摊开双手，对着自己的手心看了一阵，不无疑惑地说："没什么呀！"

老方丈呵呵一笑，对小沙弥说："你手上不是捧着一把阳光吗？"小沙弥怔了一下，心有所悟，脸上也泛起丝丝笑容。

小沙弥心中的阴霾阻碍了阳光的渗入，于是他满心灰暗，但其实换个角度来看，即使手中空无一物，也可能抓住一捧阳光。

巴菲特是这样告诉孩子们的：快乐是源于内心由自己所主宰的，没有人能够剥夺我们感受快乐的权利，即使现实生活里，一时之间没有值得快乐的事情，也不可以消极颓废，这个时候不妨预支一下将来的快乐，充分感受那种梦想已经实现所带来的快乐的感觉。当你成功预支来自未来的快乐的时候，你就可以在生命的轨迹上找到属于自己的轨道了。

当斯嘉丽的第一部电影席卷全球的时候，她只有20岁，转眼二十多年过去，在这些年中，她患了脑出血，之后又离婚，并且还收养了一个孩子，真可谓一路坎坷。可正当她就快被世界遗忘的时候，她竟出人意料地再次站了起来。在接受美联社的采访时，斯嘉丽这样说道："起初我想，我的40岁会是什么样的呢？人老珠黄，无人理睬，而且还是个单身妈妈！难道不是地狱吗？可事实并非如此。我对现在的生活很满意，对于过去的感情，即便不能共偕白首，但我仍然很快乐，至于将来，我不去猜测，我不要在我的快乐上施加那么多压力和阴影。"

斯嘉丽懂得如何去感受和预支未来的快乐，所以她的人生还可以再次辉煌。相信自己已经得到，快乐的感觉就会加大你的磁场，从而更为有力地把你想要的东西吸引到你的面前。如果你还是苦于找不到"相信已经得到"这种感觉的话，不妨试着用一下"假装"的方法，告诉自己"这个已经摆在我的眼前了""我已经得到了我想要的东西"。当你成功地做到了"假装"以后，你就能充分感受到那种得来的愉悦，对未来也就充满了快乐的憧憬，最终做到以快乐的心态去做好眼前的一切。

不管走到哪里，我们都能发现许多才华横溢的失业者。当你和这些失业者交流时，你会发现，这些人对原有工作充满了抱怨、不满。要么怪环境不够好，要么怪老板有眼无珠、不识才，总之，牢骚一大堆，积怨满天飞。殊不知，这就是问题的关键所在——抱怨的恶习使他们丢失了责任感和使命感，只对寻找不利因素兴趣十足，从而使自己发展的道路越走越窄，在自己的抱怨声中不断退步。

我们可以发现，几乎在每一个公司里，都有"牢骚族"或"抱怨族"。他们每天把"枪口"指向公司里的任何一个角落，埋怨这个、批评那个，而且从上到下，很少有人能幸免。他们的眼中处处都能看到毛病，因而处处都能看到或听到他们的批评、发怒或生气。

他们可能只是想发泄一下，但后来一发不可收拾。他们理直气壮地数落别人如何对不起他们，自己如何受到不公平待遇，牢骚越讲越多，他们也越来越相信，自己是遭受别人践踏的牺牲品。抱怨使他们自乱阵脚，终究受害最大的还是自己。

事实上，你很难找到一个成功人士会经常大发牢骚、抱怨不停，因为成功人士都明白这样的道理：抱怨如同诅咒，越抱怨越退步。

彼得有一位同窗，是一个女孩，她在读书期间，数学差得不能再差，她的父亲总是吓唬她——你考不上大学就找不到工作，找不到工作就没有稳定的收入，没有稳定的收入你这辈子怎么办？这个女孩没有因此沮丧，反而理直气壮地对她的父亲说："我就去嫁人！"数年以后，她依然数学不好，但是她嫁给了自己所爱的人并且从事着一份令人羡慕的工作——年薪百万，担任跨国广告公司的美术总监。有一次，当她和彼得谈起这个话题时，她大笑着说："其实我并没有过人之处，只有一个简单的想法，那就是与其痛苦不如预支快乐——虽然数学不好，可与其把自己的青春埋没在习题集里，不如快快乐乐地做自己喜欢的事情，我喜欢的事情就是画画，虽然为此也并不一帆风顺，但为自己喜欢的事情付出再多，心里也是喜欢的。"

当你每次忙得焦头烂额，或是遇到一件极难处理的麻烦事情的时候，可以畅想一番：等这段时间过了以后，事情了结以后，我就可以想做什么就做什么，想怎么玩就怎么玩，想多开心就多开心，不管结果如何。这样想着想着，不知不觉就已经提前进入了以后的快乐世界，于是这种快乐的感觉就激发了你体内的潜能，更快地渡过眼前的难关。

宇宙就像一张快乐的信用卡，你可以无限制地从中提取快乐的感觉，而且当下预支的快乐并不会减少以后的快乐，这个快乐的信用卡是永远预支不完的，也不用事先储存。这世界就是有这么好的事儿！

》》》编者手记《《《

抱怨的人很少积极想办法去解决问题，不认为主动独立完成工作是自己的责任，却将诉苦和抱怨视为理所当然。任何一个聪明的员工都应该明白这样的道理：一个人一旦被抱怨束缚，不尽心尽力，而是应付工作，这只会自毁前程。如果希望改变自己的处境，希望自己能够不断取得进步，那就从不抱怨开始吧！

第八章 暴风雨才能使树木深深扎根

※忠告3 挫折只会磨砺勇者的心

"卓越的人的一大优点是：在不利和艰难的遭遇里百折不挠。"

在彼得的音乐事业初期，他遭受过很大的挫折。在失败和沮丧之中，他却从没有放弃过成功的希望。因为巴菲特从小就教育他，挫折只是成功前的甜点，只会让人越挫越勇。

在彼得小时候，巴菲特给他讲过这样一个故事：历史上最有名的死亡，除了受难的基督外，就是苏格拉底。相信千秋万世之后，人们还会欣赏柏拉图的不朽叙述——那是一篇绝妙动人的文章。那篇文章记述了雅典市内的一小撮人——羡慕与嫉妒苏格拉底的人，他们控告苏格拉底。苏格拉底受审之后被判了死刑，当和善的狱卒把毒药交给苏格拉底时，对他说："请轻饮这必饮的一杯吧！"苏格拉底果然如此，什么也没说，平静地喝了下去。

面对死亡，他如此沉静而柔和，这显示了他高贵的一面。说这句话的时候，是耶稣诞生前的三百九十九年，但今天这个纷扰的世界似乎更需要这句话:"请轻饮这必饮的一杯吧!"

在我们的日常生活中,也许你常常这样感慨自己:

"我从未真正有过一个奔向美好前程的机会。你知道,我的家庭环境很糟。"

"我是在农村长大的,从你的社会结构中绝对领会不到那种生活。"

"我只受过小学教育,我们家很穷。"

"我机遇不好。"

于是你想不明白为什么身边的人都如此一帆风顺,而你却遇到如此多的艰难险阻,你开始失望,迷惑,甚至沉沦,最终没能到达成功的彼岸。

阳光明媚的早晨,你起床太晚,急急忙忙地收拾东西赶着去上学,可是出门的时候却不小心把牛奶洒了一地;快要迟到了,可是你却发现你的自行车胎漏气了。这时候,你可能烦躁无比,然后愤愤地想了一天,晚上回到家连吃饭的胃口也没有。

牛奶洒了可以收拾,自行车胎漏气了你可以坐别的车去学校,迟到了可以和老师解释一下,这一天又是新的一天,何必因为那些坏事而忽略了灿烂的太阳或母亲丰盛的晚餐,这不值得,甚至有点愚蠢。

人们总是为不期而来的意外烦恼不已,他们悲观失望,结果让自己的生活变得更糟糕。这样做真的很愚蠢,我们既然不能改变事实,为什么不改变面对事实,尤其是坏事的态度呢?

心向着太阳，就能开花。

只有在风雨中走过的人们，才能在泥泞中留下自己的印迹，才能证明自己的价值。"宝剑锋从磨砺出，梅花香自苦寒来。"任何一种本领的获得都要经由艰苦的磨炼。

平静、安逸、舒适的生活，往往使人安于现状，耽于享受；而挫折和磨难，却能使人受到磨炼和考验，变得坚强。"自古雄才多磨难，从来纨绔少伟男。"痛苦和磨难，不仅会把我们磨炼得更坚强，而且能扩大我们对生活的认识范围和深度，使我们更成熟。所以巴菲特说："世界上的事情永远不是绝对的，结果完全因人而异。苦难对于天才是一块垫脚石……对于能干的人是一笔财富，对弱者是一个万丈深渊。"的确如此，感恩生活中的逆境，挫折让我们更加勇敢地前行。

中国有句古话："天将降大任于斯人也，必先苦其心志，劳其筋骨，饿其体肤，空乏其身，行拂乱其所为，所以动心忍性，增益其所不能。"勇于面对工作和生活中的挫折，不怕失败，在磨难中永不屈服。

世界上没有人终生一帆风顺，任何一个人都会遇到逆境。得不到信任、无端遭受打击和排斥、经济拮据、事业不畅等种种困难和不如意，使许多人心存抱怨。其实这些人忽视了一条真理：逆境是磨炼人的最高学府。纵观古今，逆境几乎是所有伟人成功的基石。

彼得知道，虽然人生可能并不公平，但它呈现出惊人的矛盾性，愿望落空，但是塞翁失马，焉知非福。

彼得曾经读过这样一个故事：

上帝把一个乐观却从不拜他的流浪汉关在很热的房间里，7天后，上帝去看望这位乐观的流浪汉，看见他非常开心。上帝便问："身处如此闷热的房间7天，难道你一点也不辛苦？"乐观的流浪汉说："待在这间房子里，我便想起在公园里晒太阳，当然十分开心啦！"

上帝不开心，便把这位快乐的流浪汉关在一间寒冷的房间。7天过去了，上帝看到这位快乐的流浪汉依然很开心，便问他："这次你为什么开心呢？"这位流浪汉回答说："待在这寒冷的房间，便让我联想起圣诞节快到了，这就可以收到很多圣诞礼物，能不开心吗？"

上帝又不开心，便把他关在一间阴暗又潮湿的房间。7天又过去了，流浪汉仍然很高兴，这时上帝有点困惑不解，便说："这次你若能说出一个让我信服的理由，我便不为难你。"这个快乐的人说："我是一个足球迷，但我喜欢的足球队很少有机会赢。但有一次赢了，当时就是这样的天气。所以每次遇到这样的天气，我都会很高兴，因为这会让我联想起我喜欢的足球队赢了。"

流浪汉没有温暖的家，但无论怎样，他也要度过漫长的一生，他选择了乐观；他知道无论怎样他面对的还是同一个房间，无论如何也改变不了，那么为什么要去思考"闷热""寒冷""阴暗又潮湿"，为什么不想想那些快乐的方面——在公园晒太阳、过圣诞节、赢足球的天气？

所以，当自己已经尽力，可因为个人无法控制的所谓"天命"而使事情变糟时，恐慌、着急、悔恨都无济于事，不如坦然面对——清除看似天经地义的坏心情，保持自己的轻松心态。

你不可能改变环境，你只能换一个角度来理解世界，同样，就算是一样的环境，但是可能造就两个完全不同的人，改变你的心态，换一种想法，很可能就会改变你的整个世界。所以，成功之路漫长，多少高山需要你去翻越，多少荆棘需要你去跨越，此时你应该从容面对无可避免的艰难险阻。

>>> 编者手记 <<<

笔者看过这样一个故事：一位名叫汤姆森的女士随军到丈夫的驻地。那实在是个可憎的地方，她简直没见过比那儿更糟糕的地方。她丈夫出外参加演习时，她就只好一个人待在那间小房子里。那里热得要命，没有一个可以说话的人；风沙很大，到处都充满了沙子。

汤姆森太太觉得自己倒霉到了极点，于是她写信给她父母，告诉他们她放弃了，准备回家，她一分钟也不能再忍受了。汤姆森太太父亲的回信只有三句话，这三句话常常萦绕在她的心中，并改变了她的一生："有两个人从铁窗朝外望去，一人看到的是满地的泥泞，另一个人却看到满天的繁星。"

后来汤姆森太太开始和当地的居民交朋友。他们都非常热心。她开始研究各式各样的仙人掌及当地的其他植物，试着认识土拨鼠，观赏沙漠的黄昏，寻找300万年以前的贝壳化石。

是什么让汤姆森太太发生了如此惊人的变化呢？沙漠没有改变，改变的只是她自己。因为她的心态变了，正是这种改变使她有了一段精彩的人生经历，她发现的新天地令她既兴奋又刺激。汤姆森太太的故事告诉我们这样一个朴素的道理：人可以通过改变心境来改变自己所要面对的生活。

※忠告4　暴风雨后的彩虹最绚丽

"并非每一种灾难都是祸，早临的逆境往往是福。"

巴菲特认为："人生布满了荆棘，我们知道的唯一办法是从那些荆棘上面迅速踏过。"的确，你只有笑对那些艰难困苦，感谢曾经折磨过自己的人或事，才能体会出那实际上短暂而有风险的生命意义；你只有懂得宽容自己不可能宽容的人，才能看见自己胸怀的广阔，才能重新认识自己……

苏茜在慈善活动中，得知了有一个世界上最倒霉的人，50年的时间里，他经历了很多人的欺辱和磨难，而且每一次经历都那么悲惨，但也许正是这些，才使他成为世界上最坚强的人。

从他出生时，他的倒霉生涯也就开始了，他出生后14个月，摔伤了后背；之后又从楼梯上掉下来，摔残了一只脚；因为残疾，整个童年岁月，总有同龄人嘲笑他；再后来爬树时又摔伤了四肢；

一次骑车时，忽然不知从何处刮来一阵大风，把他吹了个人仰车翻，膝盖又受了重伤，拒绝和他玩耍的人越来越多；13岁时掉进了下水道，差点儿窒息；一次，一辆汽车失控，把他的头撞了一个大洞，血如泉涌；少年岁月里，他遇到的同学更多地把他当作怪物，但他仍然有几个知心的朋友；一直到老，他都在倒霉，被人们看成是怪物，但他的脸上从来没有乌云。

他一生遭遇无数灾祸，不同的人生阶段遇到不同的人，受到不同的取笑。令人惊奇的是，老人至今仍旧健康而快乐地活着，心中充满着自信。他总是说历经了那么多磨难的洗礼，还怕什么呢？经历了那么多人的取笑，意志怎能不坚强呢？应该感谢一切折磨他的人和事，是他们让他越发坚韧。

人们常常抱怨磨难，抱怨那些让我们的生活变得艰苦的事情，抱怨那些让我们的内心承受煎熬的经历。可是，人们在抱怨的时候并没有想到，这些磨难就像烈火，我们只有经过锤炼，才会变得更加坚韧、更加刚强。

别人折磨你的时候，你会觉得很沮丧甚至很失望。可是，如果静下心来想一想：在你承受对方给你的压力之后，你是否成长了？你得到的仅仅是一顿谩骂或者凌辱吗？你只是受害者而全然没有从中受益吗？

巴菲特的好朋友，美国独立企业联盟主席杰克·弗雷斯从13岁就开始在他父母的加油站工作。弗雷斯想学修车，但他父亲让他在前台接待顾客。当有汽车开进来时，弗雷斯必须在车子停稳前就站到司机门前,然后去检查油量、蓄电池、传动带、胶皮管和水箱。

弗雷斯注意到,如果他干得好的话,顾客大多还会再来。于是弗雷斯总是多干一些,帮助顾客擦去车身、挡风玻璃和车灯上的污渍。有一段时间,每周都有一位老太太开着她的车来清洗和打蜡。这个车的车内踏板凹陷得很深很难打扫,而且这位老太太极难打交道。每次在弗雷斯给她把车清洗干净后,她都要再仔细检查一遍,让弗雷斯重新打扫,直到清除掉每一缕棉绒和每一粒灰尘,她才满意。

终于有一次,弗雷斯忍无可忍,不愿意再侍候她了。他的父亲告诫他说:"孩子,记住,这就是你的工作!不管顾客说什么或做什么,你都要记住做好你的工作,并以应有的礼貌去对待顾客。"

父亲的话让弗雷斯深受震动,以至于许多年以后他仍不能忘记。弗雷斯说:"正是在加油站的工作使我学到了严格的职业道德和应该如何对待顾客,这些东西在我以后的职业生涯中起到了非常重要的作用。"

"吃一堑,长一智",人不能总停留在原地,而是要努力向前,那些带给你磨难的人正是你成长的客观条件。其实对于弗雷德来说,顾客每"折磨"他一次,他就向前迈了一步。弗雷德的成功与他懂得感谢那些折磨自己的人有着莫大的关系。

有勇气面对一切令你困苦的人和事,淡然地面对别人的折磨,才能不断磨炼自己,才能够不断取得进步,同时这也显示了自己莫大的勇气和自信。相反,一个听到别人的批评就暴跳如雷、反唇相讥的人，往往都缺乏涵养、心胸狭窄、毫无远见。

彼得年轻的时候曾经打暑期工，做过服务生，他的老板常常很严厉地责骂他。每次挨骂，他心里总是很难过，可是他发现自己每次挨骂后都会得到一些启示，学会一些事情。

人生之路是不平坦的，但同时也说明生命需要磨炼，铁石经历百般的烧冶和敲打才能越来越坚硬；燧石受到的敲打越厉害，发出的光就越灿烂；正是这种敲打才使它发出光来，因此，燧石需要感谢那些敲打。人也一样，感谢折磨你的人，你就是在感恩命运。

那些折磨你的人，你为什么不对他心存感激呢？不管他们出于什么原因，他们都用了一种特殊的方式，也许他们放大了你的缺点和不足甚至无中生有，当然，正是这些"放大"和无中生有，才让你认识到自己的缺点并改正它，磨炼了你的意志，让你变得坚强。所以，批评和讽刺之下，不气馁，用自信做支撑，用实力说话，这样你注定会与成功结缘。

〉〉〉编者手记〈〈〈

人的一生中，随时都会遇到困难和险境，如果我们仅仅盯着这些困难，看到的只会是绝望。在人生路途上，谁都会遭遇逆境，逆境是生活的一部分。逆境充满荆棘，却也蕴藏着成功的机遇。只要勇敢面对，就一定能从布满荆棘的路途中走出一条阳光大道。正如培根所说："奇迹多是在厄运中出现的。"其实，我们不应该在逆境中抱怨，因为抱怨逆境无疑是在遗弃成功。想成为一名生活中的强者，就要勇敢地向逆境宣战，像一名真正的水手那样投入生命的浪潮。

※忠告5　跌倒是学会走路前的必修课

"顺境使我们的精力闲散无用，使我们感觉不到自己的力量，但是障碍却唤醒这种力量并加以运用。"

在人生的岔道口面前，若你选择了一条平坦的大道，你可能会拥有一个舒适而享乐的青春，但却会失去一个很好的历练机会；若你选择了坎坷的小路，你的青春也许会充满痛苦，但你会因此体会到人生的真谛。

生命是一次次的蜕变。唯有经历各种各样的苦难，才能拓展生命的宽度。通过一次又一次与各种苦难握手，历经反反复复的较量，人生的阅历就在这个过程中日积月累、不断丰富。

小时候彼得就是一个调皮鬼，常常在公园里抓蝴蝶，玩蚂蚁，巴菲特饶有兴趣地看着小彼得玩得不亦乐乎，当小彼得抓住一只蝴蝶时，巴菲特抚摸着他的小脑袋问："彼得，你知道蝴蝶的一生吗？"

蝴蝶的幼虫是在一个洞口极其狭小的茧中度过的。当它的生命要发生质的飞跃时，这个天定的狭小的通道对它来讲无疑成了"鬼门关"，那娇嫩的身躯必须竭尽全力才可以破茧而出。许多幼虫在往外冲杀的时候力竭身亡，不幸成了飞翔的悲壮祭品。

有人怀了悲悯恻隐之心，企图将那幼虫的生命通道修得宽阔一些。他们用剪刀把茧的洞口剪大，这样一来，所有受到帮助而见到天日的蝴蝶都不是真正的精灵——它们无论如何也飞不起来，只能拖着丧失了飞翔功能的双翅在地上笨拙地爬行！原来，那"鬼门关"般的狭小茧洞恰恰是帮助蝴蝶幼虫两翼成长的关键所在。穿越的时候，通过用力挤压，血液才能被顺利输送到蝶翼的组织中去；唯有两翼充血，蝴蝶才能振翅飞翔。人为地将茧洞剪大，蝴蝶的双翅就没有了充血的机会，爬出来的蝴蝶便永远与飞翔绝缘。

巴菲特告诉彼得，人成长的过程恰似蝴蝶的破茧过程，在痛苦的挣扎中，意志得到磨炼，力量得到加强，心智得到提高，生命在痛苦中得到升华。当你从痛苦中走出来时，就会发现，你已经拥有了飞翔的力量。如果你没有经受挫折，你就会像那些受到"帮助"的蝴蝶一样，萎缩了双翼，平庸一生。

巴菲特热爱钓鱼，在他最喜欢去的一个码头，有个渔夫拥有一流的捕鱼技术，被人们尊称为"渔王"。依靠捕鱼所得的钱，"渔王"积累了一大笔财富。然而，年老的"渔王"却一点儿也不快活，因为他三个儿子的捕鱼技术都极其一般。

于是他经常向巴菲特倾诉心中的苦恼："我真想不明白，我捕鱼的技术这么好，我的儿子们为什么这么差？我从他们懂事起就传授给他们捕鱼技术，从最基本的东西教起，告诉他们怎样织网最容易捕捉到鱼，怎样划船最不会惊动鱼，怎样下网最容易'请鱼入瓮'。他们长大了，我又教他们怎样识潮汐、辨鱼汛……凡是我多年辛辛苦苦总结出来的经验,我都毫无保留地传授给他们,可是他们的捕鱼技术竟然赶不上技术比我差的其他渔民的儿子!"

巴菲特听了他的诉说后,问:"你一直手把手地教他们吗?"

"是的,为了让他们学会一流的捕鱼技术,我教得很仔细、很有耐心。"

"他们一直跟随着你吗?"

"是的,为了让他们少走弯路,我一直让他们跟着我学。"

巴菲特说:"这样说来,你的错误就很明显了。你只是传授给他们技术,却没有传授给他们教训,对于才能来说,没有教训与没有经验一样,都不能使人成大器。"

人们往往把苦难看作人生中纯粹消极的、应该完全否定的东西。当然,苦难不同于主动冒险,冒险有一种挑战的快感,而我们忍受苦难总是迫不得已的。但是,人生中的苦难总是完全消极的吗?并非如此。那些苦难对人生不但不是消极的,还是一种促进你成长的积极因素。如果一路都是坦途,那只能像故事中渔夫的儿子那样,沦为平庸之人。

如果你现在正在经历这样或那样的折磨,你应该庆幸,因为命运给了你战胜自我、升华自我的机会。人不能总停留在原地,而要努力向前。感谢折磨你的人,你将得到更迅捷的发展。

对于生活中的各种折磨,我们应时时心存感激,只有这样,我们才会常常有一种幸福的感觉,纷繁芜杂的世界才会变得鲜活、温馨和动人。一朵美丽的花,如果你不能以一种美好的心情去欣赏它，它在你的心中和眼里就永远娇艳妩媚不起来，而是如你的心情一般灰暗、毫无生机。

只有心存感激，我们才会把折磨放在背后，珍视他人的爱心，才会享受生活的美好，才会发现世界原本有太多的温情。心存感激，是一种人格的升华，是一种美好的人性。只有心存感激，我们才会热爱生活、珍惜生命，以平和的心态去努力地工作与学习，使自己成为一个有益于社会的人。

在心中记住蝴蝶的故事，想象自己有一天，也能蜕变成轻盈的蝴蝶飞过苦难之海！

≫ 编者手记 ≪

任何人都会或多或少遇到坎坷颠簸，这是正常的，无须悲伤，无须抱怨，更无须绝望。世上没有绝望的处境，只有对处境绝望的人。只要勇敢面对，世界上没有过不去的坎。

当我们陷入逆境时，一味地埋怨是无济于事的，那只会让我们变得更加沮丧而觉得无望。与其苦苦等待，不如点燃自己手中仅有的"火种"和希望，去战胜黑暗，摆脱困境，为自己创造一个光明的前程。

在灰色的逆境中，不要让冷酷的命运窃喜，我们应该处之泰然。命运从来不相信抱怨，只相信抗争命运的人。强者的生活就是面对和克服那些像潮流一样涌来的逆境，他们不会放过磨炼的机会。

第九章　信任和包容是对孪生兄弟

※忠告6　想要成功，先要学会信任

"信任是合作的基础，相互合作的人就像战场上同一沟壕的战友，你要相信你的'战友'。"

人之所以会成功，是因为有他人的帮助。中国有句俗语："一个篱笆三根桩，一个好汉三个帮。"优秀的管理者和企业员工，必然是协调人际关系的高手。如何在工作中建立和谐的人际关系，是你成为成功人物最重要的武器。

信任自己的合作者，是巴菲特成功的一大秘诀。无论是霍华德、苏茜还是彼得，在进入职场之前都收到过巴菲特的忠告：信任同伴，是走向成功的第一步。巴菲特能将事业做大，他的合作者们的辛苦付出必不可少。而这些人肯于为巴菲特倾尽全力，也与他的用人不疑的管理之道密不可分。

1988年巴菲特在给股东的信里写道："1988年费切海默想要进行一项规模颇大的购并案，查理·芒格和我对他相当有信心，所以我们就马上同意了这项购并案，连相关协议都没看。很少有人能得到我们这样的信任，就连很多世界 500 强企业的领导者也不能。由于这项购并案会推动公司内部的成长，所以我预计费切海默的营业额会有很大增长。"

巴菲特认为，优秀的企业之所以能产生源源不断的自由现金流，与该企业拥有优秀的经理人密不可分。只有足够优秀的经理人，才能够为企业创造如此佳绩。

通常巴菲特在选择投资或者并购对象时，都会充分考察该企业的管理层是否优秀。在巴菲特看来，一个优秀的企业经理人非常重要。巴菲特非常希望他在购买企业的同时能够购买下企业优秀的管理层。有的时候如果管理层不愿意留下来继续工作，巴菲特甚至都会考虑放弃这个企业。巴菲特觉得，由原来的管理层来管理企业再合适不过了。在巴菲特的伯克希尔王国中，拥有很多优秀的企业经理人。巴菲特通常不会过多干涉子公司的业务，而是给予这些经理人充分的自主经营权。

20 世纪 70 年代末，巴菲特大量买入政府雇员保险公司的股票。用巴菲特的话来说，他之所以购买该公司股票，主要就是看中以杰克·拜恩为首的公司管理层的能力。巴菲特觉得他们能够带领公司走出困境，实现业绩的稳定增长和自由现金流的持续充沛。事实上也幸亏有杰克·拜恩。要不是杰克·拜恩，政府雇员保险公司能不能走出困境都是个未知数。20 世纪 70 年代初期，该公司由于管理层管理不善，保险理赔成本被错误低估，使得对外销售保单价格过低，公司做了很多赔钱的生意，差点儿导致公司破产，也使得公司股票价格越来越低。1976年，杰克·拜恩开始掌管该公司。他临危不惧，马上采取一系列紧急补救措施，最终使得公司幸免于难。正是看到了杰克·拜恩的杰出表现，伯克希尔公司于1976年下半年开始大量买入政府雇员保险公司股票，然后持续增持，到1980年年末共投入4570万美元取得该公司33.3%的股权。在接下来的15年中，伯克希尔公司一直持股不动。而由于政府雇员保险公司在此期间进行了股票回购，使得伯克希尔公司的持股份额达到了50%。1995年，巴菲特又以近乎天价的23亿美元买下另一半原来不属于伯克希尔公司的股份。

与杰克·拜恩这种十足的信赖合作关系在巴菲特的管理经历中很常见。关于信任，我们还有一个好例子——B太太。

B太太是巴菲特特别爱提及的一个经理人。B太太家族在1983年把内布拉斯加家具店80%的股权卖给伯克希尔时，B太太继续留下来担任负责人并经营地毯生意，其营销策略就是"价格便宜，实话实说"。1984年，该店业绩达到1.3亿美元，是10年前的3倍，独霸了整个奥马哈地区。1994年，该店年销售额增至2.09亿美元。B太太从未上过学，但她创立了一个企业。巴菲特不止一次说过，商学院的学生从B太太那里几个月学到的东西比在商学院待几年学得还要多。

翻阅巴菲特1984年的信件，可以看到这样的字句："很多人常常问我，B太太经营到底有什么诀窍。其实她的诀窍也没什么特别的，首先就是她和她的整个家族，对事业怀抱的热忱与干劲；其次，踏踏实实去实施她所决定要做的事情；再者，能够抵御外部对公司竞争力没有帮助的诱惑；最后，拥有高尚的人格。我们对B太太家族的人格信任可从以下收购过程中反映出来：在没有找会计师查核，没有对存货进行盘点，没有核对应收账款或固定资产的情况下，我们就交给了她一张5500万美元的支票，而她给我们的只是一句口头承诺。"

通过这封信我们可以看到，巴菲特对B太太的"信任尺度"大得令人咋舌。

为什么，巴菲特对他的合作者们会如此信任？这与他的管理观念有关。巴菲特认为，企业管理层对企业的影响非常重大。优秀的管理者可以把平庸的公司变成伟大的公司，而糟糕的管理者可以把伟大的公司变成平庸的公司。所以，他需要足够的信任、给予他们足够的自由让他们发挥最大能力。企业的管理层是否优秀，巴菲特通常从公司的业绩和管理层的品质两个方面来衡量。

1. 公司的业绩。巴菲特认为，公司的业绩是衡量企业管理层是否优秀的重要指标。公司业绩的高低，能够在一定程度上反映出公司管理层的管理才能。一方面，优秀的公司管理层能够给股东创造更大的收益回报；另一方面，更大的收益回报只有在优秀的公司管理层身上才能实现。

B太太和她的家族都是优秀的经理人。而这也体现在内布拉斯加家具店的经营业绩上。B太太在世时，每年她一个人在家具店销售的地毯，比奥马哈地区所有同行销售的地毯加起来还多很多。在金融危机严重的2008年，内布拉斯加家具店在奥马哈和堪萨斯城的店的销售额不仅没有减少，反而分别增加了6%和8%，两个店的销售额双双达到大约4亿美元。巴菲特在2008年年报里说，这些非凡的业绩主要归功于其优秀的经理人。

2. 管理层的品质。巴菲特认为，一个优秀的管理层，不仅要具有非凡的管理才能，更重要的是要有优秀的人格品质。

B太太就是一个具有优秀品质的人。她有高尚的人格，对朋友真诚以待，对事业充满激情，对生活满怀热忱。1984年5月是一个特殊的日子，这一天B太太获得了纽约大学的荣誉博士学位，而在此之前获得如此殊荣的有埃克森石油公司总裁、花旗银行总裁、IBM公司总裁等企业精英。也许你以为B太太是名校商学院毕业的，其实不然。B太太从来没有真正上过学。所以从这一点上看，B太太一点儿也不逊于这些国际知名公司的总裁。而令巴菲特庆幸的是，B太太的儿子们也遗传了她的优良品质。

显而易见，巴菲特认为，B太太这样的合作者不仅能力卓越，还道德高尚，值得他信任、托付重任。

职场中，我们无时无刻不在与人打交道。有了友人的帮助，你会减少很多阻碍；汲取他人的成功经验，你也会迈向成功。于是与人建立和谐的合作关系，就成了一项紧要任务。要想取信于人，可尝试以下方法：

1. 让你的微笑成为招牌。在培养吸引人的个性时，千万别小看经常保持诚挚微笑的重要性，这种微笑的习惯，对你自己的影响也是很大的。当你生气时试着保持微笑，这个简单的动作，可使人保持冷静，还能提醒你时时不忘保持积极的心态。

2. 有自信地表述自己的观点。受压抑的人说话声明显细小，表现得自信心不足。尽量提高你的音量，但不必对别人大声喊叫或使用愤怒的声调，只要有意识地使声音比平时稍大就行。

3. 向他人表达你的赞扬。受压抑的人既害怕表现坏的情感，也害怕表现好的情感。如果他表示爱情，就担心别人说他自作多情；如果表示友谊，又怕被当作阿谀奉承；如果称赞某人，又怕人家把这当作虚伪逢迎，或者怀疑他别有用心。正确的做法应当完全不必考虑这些否定的反馈信号，你不妨每天至少夸奖三个人，如果喜欢某人的行事风格、衣着打扮或举止言谈，你就让他知道。

想取信于人、保持和谐的人际关系，从建立自我形象开始，你必须让自己充满自信、活力，使人乐于和你亲近。这一点，巴菲特可以说是典范。认识他的人几乎都对他的风趣幽默、自信和活力产生过深刻的印象。此外，你希望别人如何待你，你必须先如何待人。好的人际关系，来自于用善待他人的方式，赢得别人的信任和喜爱。卡耐基也指出："如果你想采集蜂蜜，就别踢翻了蜂巢。只有不够聪明的人才会批评、指责和抱怨别人。"

>>> 编者手记 <<<

合作伙伴就得统一战线，齐心协力才能打败你的对手。轻易怀疑你的合作伙伴等于自乱阵脚，就会不战自溃。没有信任的团队，是无法形成强大的向心力和凝聚力的，在竞争中，他们总会被对手找到漏洞，然后被各个击破，落得失败的下场。

所谓兄弟齐心，其利断金。在商场中，最聪明的做法就是相信伙伴，共同努力，不把精力消耗在互相猜疑上。其实，有很多很有前途的合作者最终没能一起走到成功的彼岸，并不是因为他们的实力不如人，或者运气不佳，往往是因为他们在前进过程中互相猜忌、互相打击。这种失败，恐怕是我们最不想看到的最愚蠢的失败。

※忠告7 站在对方的立场上看问题

"我们没有必要把自己的想法强加给别人，但是却必须学会从他人的角度思考问题。"

"站在对方的立场上看问题"就是我们通常所说的"换位思考"，它是建立良好人际关系的一个重要原则，因为如果我们不了解对方的立场、感受及想法，我们便无法正确地思考与回应。"换位思考"需要一点好奇心，但不幸的是，许多人都缺少这个要素。他们或是站在自己的位置上去"猜想"别人的想法及感受，或是站在"一般人"的立场上去想别人"应该"有什么样的想法和感受。

听听，这个说法是不是很熟悉："我的经理就是偏心，因此，我对他很有意见。"有时候当事情的结果不如我们所想象或期待的好时，我们也多半会觉得委屈，发出"好心没好报"的感叹。那么，是别人真的不明白我们吗？通过仔细的分析，我们会发现，这种换位思考并不是真的换位思考，而是以个人本位来理解别人，这并非真正地站在对方的立场上为他着想，因为你忽略了对方真正的想法及感受。

想要培养高情商就必须学会换位思考。换位的通俗说法就是将心比心，也就是设身处地地为他人着想。站在对方角度看问题是巴菲特惯常的原则，为此，朋友们都赞扬他善解人意。即使当前妻苏珊决定离开他，开创自己的演唱事业时，巴菲特依然没有丧失冷静。他真正做到了站在苏珊的角度思考这个问题，对苏珊的选择表示了理解与尊重。他的这一风格被几个孩子争相模仿。

幼子彼得认为，从父亲那里学到的换位思考思想对他影响很大。其实，换位思考远非只能限定在人与人相处的狭小圈子内，它更多的是一种人生理念，在不同的领域引入这种理念，都能对自我产生积极的影响。

彼得能成为知名的广告配乐人，他就是用一种换位思考的策略成就了他的事业。他的广告配乐工作早期起步时，并不顺利。委托方认为他的音乐虽然技巧娴熟并且灵性十足，但是与市场流行并不完全契合。于是，彼得在接到一个广告音乐的编辑工作后，不再像以前一样闷在工作室里冥思苦想。他常常混在市区里熙熙攘攘的人群中,或者漫步在阶石旁,或者驻足休息在旅店、商场的大厅里,敏锐地静听人们的谈话,了解观众的心理和嗜好,并以此确定他的配乐方针。

大凡成功的人,都是这样运用不同的方法去观察、研究他所要影响的一些人,然后反过来按照他们的心理需求去满足他们。

每个人天生都有一定程度的体察他人情感的敏感性。一个人如果没有这种敏感性,就会产生情感失聪。这种失聪会使他在社交场合不能与其他人和谐相处,或是误解别人的情绪,或是说话不考虑时间场合,或是对别人的感受无动于衷。所有这些,都将破坏人际关系。

换位思考不仅对保持人与人之间的和睦关系非常重要,而且对任何与人打交道的工作来说,都是至关重要的。无论是搞销售,还是从事心理咨询,或给人治病,以及在各行各业中从事领导工作,体察别人的内心,常进行换位思考,都是取得优秀业绩的关键因素。

有趣的是,巴菲特与彼得这对父子在一起讨论换位思考这个主题时,一致认为好奇心是"站在对方的立场上思考问题"的重要元素。只有好奇心才能使我们真正体会对方的心情;有一点儿好奇心,才会使我们谦虚地弯下腰,看看他人的内心世界到底是什么样的。好奇心使我们暂时放下自己的主观来理解别人,理解之后才能真正地开始"换位",换位之后,才能开始比较正确的思考,这也是建立良好人际关系的第一步。

当我们和别人商谈某件事情时，我们习惯将自己的想法和意见强加给别人，而没有站在对方的立场上仔细想想，这种说话方式其实是有碍沟通的。在与对方沟通时，站在对方立场上，才能让别人听着顺耳，觉得舒服。站在对方立场上，设身处地地想，设身处地地说。如此，不仅能使他人快乐，也能使自己快乐。站在对方的立场上考虑问题，你会发现，你跟他有了共同语言，他的所思所想、所喜所恶，都变得可以理解甚至显得可爱。在各种交往中，你都可以从容应对，要么伸出理解的援手，要么防范对方的恶招。许多人不懂得如何站在对方立场上思考和说话，这是导致很多事情做不成功的一大原因。

站在他人的立场上说话，能给他人一种为他着想的感觉，这种投其所好的技巧常常具有极强的说服力。要做到这一点，"知己知彼"十分重要，唯先知彼，而后方能从对方立场上考虑问题。成功的人际交往语言，有赖于发现对方的真实需要，并且在实现自我目标的同时给对方指出一条可行的路径。

伯克希尔公司下属某精密机械工厂生产一项新产品，将其部分部件委托另外一家小型工厂制造，当该小型工厂将零件的半成品呈示总厂时，不料全不合该厂要求。由于迫在眉睫，总厂负责人只得令其尽快重新制造，但小厂负责人认为他完全是按总厂的规格制造的，不想再重新制造，双方僵持了许久。

总厂厂长也是一位换位思考的高手。见到这种局面，他在问明原委后，便对小厂负责人说："我想这件事完全是由于公司方面设计不周所致，而且还令你吃了亏，实在抱歉。今天幸好由于你们帮忙，才让我们发现竟然有这样的缺点。只是事到如今，事情总是要完成的，你们不妨将它制造得更完美一点儿，这样对你我双方都是有好处的。"那位小厂负责人听完，欣然应允。

也许你会质疑："站在对方的立场上说来容易，实际要做的时候却很难。"没错，站在对方立场上来说话确实不容易，却不是不可能。一个擅长沟通的人会努力地从他人的角度来设想，并且乐此不疲。然而，他们也并非一开始就能做得很好，而是从一次次的说服过程中汲取经验、吸取教训，不断培养自己的这种习惯，最后才达到这样的境界。因此，只要你愿意，这并不是一件太难的事。

了解巴菲特的商场经历的人都知道，他是一位谈判高手。之所以能在高手如云的谈判桌上端坐，并不是因为他的口才有多么卓越，而是因为他拥有换位思考的意识。谈判可以说是一场顽强的性格之战。因为我们要接触的谈判中的对手千差万别，无论经验如何丰富，要做到万无一失确实很难。因此，对于各种不同的谈判对象，巴菲特会积极进行换位思考，视其性格的不同而加以调整，采取不同的策略：

1. 霸道的对手。巴菲特认为，由于具有自身的优势，这种人常常十分注意保护其在对外经济贸易以及所有事情上的垄断权。在拨款、谈判议程和目标上受许多规定性的限制。与这种人打交道，一般应做到：准备工作要面面俱到；要随时准备改变交易形式；要花大量不同于讨价还价的精力，才能压低其价格；最终达成的协议要写得十分详细。

　　这种人的性格使得他们能直接向对方表示出真挚、热烈的情绪。他们十分自信地步入谈判大厅，不断地发表见解。他们总是兴致勃勃地开始谈判，乐于以这种态度取得经济利益。在磋商阶段，他们能迅速把谈判引向实质阶段。他们十分赞赏那些精于讨价还价，为取得经济利益而施展手法的人。他们自己就很精于使用策略去谋得利益。同时希望别人也具有这种才能。他们对"一揽子"交易怀有十足的兴趣。作为卖者，他希望买者按照他的要求做"一揽子"说明。所谓"一揽子"，意指不仅包括产品本身，而且要介绍销售该产品的一系列办法。

　　2. 死板的对手。这种人的谈判特点是准备工作做得完美无缺。他们直截了当地表明希望做成的交易、准确地确定交易的形式、详细规定谈判中的议题，然后准备一份涉及所有议题的报价表，陈述和报价都非常明确和坚定。死板人不太热衷于采取让步的方式，讨价还价的余地大大缩小。巴菲特总结出，与这种人打交道的最好办法，应该在其报价之前即进行摸底，阐明自己的立场。应尽量提出对方没想到的细节。

　　3. 好面子的谈判对手。这种人顾面子，希望对方把他看作是大权在握、起关键作用的人物。他喜欢对方的夸奖和赞扬——这正是巴菲特所擅长的。彼得某次接受采访时回忆，父亲说过，遇到此类谈判对手，如果送个礼物给他，"即使是一个不太高级的礼物，往往也能取得良好的效果"。说到这里，彼得模仿父亲的样子顽皮地对记者眨眨眼睛。

4. 热情的对手。这类人的特点是，在业务上有些松松垮垮。他们的谈判准备往往不充分又不过于细致。这些人较和善、友好、好交际、容易相处，具有灵活性，对建设性意见反应积极。巴菲特认为，与这类谈判对手打交道要多提建议性意见，并友好地表示意图，必要时做出让步。

5. 犹豫的对手。在这种人看来，信誉第一重要，他们特别重视开端，往往会在交际上花很长时间，其间也穿插一些摸底。经过长时间的、广泛的、友好的会谈，增进了彼此的敬意，也许会出现双方共同接受成交的可能。巴菲特在某次公司培训会时专门向员工强调，与这种人做生意，首先要防止对方拖延时间和打断谈判，其次必须把重点放在制造谈判气氛和摸底阶段的工作上。一旦获得了对方的信任，就可以大大缩短报价和磋商阶段的时间，尽快达成协议。

6. 冷静的对手。他们在谈判的寒暄阶段，表现沉默。他们从不激动，讲话慢条斯理。他们在开场陈述时十分坦率，愿意使对方得到有关他们的立场。他们擅长提建设性意见，做出积极的决策。"在与这种人谈判时，应该对他们坦诚相待，采取灵活和积极的态度。"巴菲特这样总结道。

换位思考在人与人之间的沟通和交往上占有非常重要的地位，因为不了解对方的立场、感受及想法，我们就无法正确地思考与回应，沟通便被阻断。简言之，无论与哪种人打交道，只要做到了换位思考，把握对方的心理和需求，就能做到顺畅沟通。

≫ 编者手记 ≪

懂得换位思考，是人与人沟通的前提。很多时候，我们认为某个人行事让别人无法理解、做事让人觉得不可理喻，这很可能只是我们单方面的看法。如果我们设身处地地站在对方角度思考一下，就会发现他们"怪异的想法"，很可能只是一种理所当然的想法！

一个人最大的痛苦之一就是没人理解，如果我们能习惯于站在对方的立场上说话，对人对己，恐怕都是一种莫大的幸福。而我们要想把事情办好，换位思考，必不可少。

※忠告8 不要揪住别人的错误不放

"对于所受的伤害，宽容比复仇更高尚。因为宽容所产生的心理震动，比责备所产生的心理震动要强大得多。"

彼得十几岁时，在一个礼拜天为一件小事和邻居的小孩查理争吵起来，两个人争论得面红耳赤，谁也不让谁。最后，彼得只好气呼呼地去找父亲，因为在年幼的彼得心目当中，父亲是最有智慧、最公道的人，他肯定能断定谁是谁非。

"您来帮我们评评理吧，查理简直不可理喻！他竟然……"彼得怒气冲冲，一见到巴菲特就开始了他的抱怨和指责。但当他正要大肆讲述查理的不是时，被巴菲特打断了。巴菲特说："对不起，亲爱的，正巧我现在有事，你过一会儿再说吧。"

过了一刻钟，彼得又愤愤不平地来了，不过，显然没有刚才那么生气了。"您一定要帮我评评理，那家伙简直……"他又开始数落起查理的恶劣。巴菲特不紧不慢地说："你的怒气还没有消退，等你心平气和后再说吧。正好我刚才的事情还没有办完。"

接下来的几个小时，彼得没有再来找巴菲特。晚饭的时候，巴菲特在餐桌旁见到了儿子，他正耐心地把盘子里的牛排切成小块，心情显然平静许多。巴菲特问道："现在你还需要我来评理吗？"说完，微笑着看着彼得。彼得羞愧地笑了笑，说："不需要了。现在想来那也不是什么大事，不值得生那么大的气。"

巴菲特仍然心平气和地说："这就对了，我不急于和你说这件事情就是想给你思考的时间，让你消消气啊！记住，任何时候都不要在气头上说话或行动。"

巴菲特告诉彼得，遇事发怒是最不明智的一种选择。正如莎士比亚所说，不要因为你的敌人燃起一把火，你就把自己烧死。发怒烧到的只有你自己。留心四周，我们随时可以找到正在生气发怒的人。我们每个人都避免不了生气动怒。商店里，也许顾客正在和营业员吵架；出租车上，司机也许正因交通堵塞而满脸怒色；公共汽车上，也许两个乘客正在为抢占座位而大打出手……此种情形，举不胜举。那么你呢？是否动辄勃然大怒？是否让发怒成为你生活中的一部分，但是你是否知道：这种情绪根本无济于事。也许，你会为自己的暴躁脾气大加辩护："人嘛，总有生气发火的时候。""我要不把肚子里的火发出来，非得憋死不可。"在这种借口之下，你不时地跟自己生气，也冲他人发火，你似乎成了一个只会生气、发火的人。

美国生理学家爱尔马设计了一个很简单的实验：把一支玻璃试管插在装有冰水混合物的容器里，然后收集人们在不同情绪状态下的"气水"。研究发现：当一个人心平气和时，他呼吸时水是澄清透明无杂的；悲痛时水中有白色沉淀；悔恨时有蛋白质沉淀；生气时有紫色沉淀。爱尔马把人在生气时呼出的"生气水"注射到大白鼠身上，12分钟后，大白鼠竟然死了。由此爱尔马分析认为："人生气时的生理反应十分强烈，分泌物比任何情绪分泌的都复杂，都更具有毒性。因此生气的人很难获得健康，更难长寿。"

震惊于实验结果的同时，我们更要清楚，我们每一个人，面对生活中的各种困惑、烦扰，都应该学会宽容、学会理解、学会忍让、避免生气，牢记"气大伤身"，用宁静的、博爱的心态，对待世间事，烦恼自会远离。哲人说："生气，就是拿别人的错误来惩罚自己。"不错，何必为别人背沉重的包袱，何必为别人犯下的错误承担责任，其实，人只要肯换个想法，转移一下视角，就能让自己有新的心境。

在巴菲特孩子们的印象中，父亲的脸上总是挂着笑容。他时常会对孩子们讲"生气是一种毒药"！巴菲特告诉孩子们，不能让自己的情绪只停留在问题的表面,必须学会少点怨恨,多点宽容,让负面情绪远离自己。

宽容是一种非凡的气度、宽广的胸怀,是对人对事的包容和接纳。一个人学会了宽容,他就多了一份高贵的品质、崇高的境界,他的精神就变得成熟,心灵就变得丰盈。宽容是一种仁爱的光芒、无上的福分,是对别人的释怀,也是对自己的善待。

宽容是人生存的智慧、生活的艺术,是看懂了社会人生以后所获得的那份从容、自信和超然。学会了宽容,能使自己保持一种恬淡、安静的心态,去做自己应该做的事情。而那些整日为一些闲言碎语、磕磕碰碰的事情郁闷、恼火、生气,总去找人诉说,与对方辩解,甚至总想变本加厉地去报复的人,他们将会贻误自己的事业,失去更多美好的东西。所以,要成为一个生活的强者,就应豁达大度,笑对人生。有时一个微笑、一句幽默,也许就能化解人与人之间的怨恨和矛盾,填平感情的沟壑。

学会宽容是一个人成熟的标志。宽容的人常常表现出勇于承担责任的作风,如果肯检讨一下自己,就可以从失败和差错中找到自己所应负的责任。一个人只有心平气和的时候,才可能保持清醒的头脑,找出失败的原因,采取克服差错的有效措施,以便更加努力地工作。宽容的人可以做到这点。

生活中总有一些人,得理不让人,就算无理也要争三分,总怕自己会吃亏;与之相反,巴菲特认为,真理在握也要让人三分,这样才能显出君子风度。由此我们可以理解,为什么前者往往是生活中的不安定因素，而巴菲特却能形成一种天然的向心力。

有理，没理，饶人不饶人，一般都是在是非场上，论辩之中。假如是重大的或重要的是非问题，自然应该不失原则地论个青红皂白，甚至为追求真理而献身也值得。但日常生活中，也包括工作中，往往会因为一些非原则问题、皮毛问题争得不亦乐乎，谁也不肯甘拜下风，说着论着就较起真来，以至于非得决一雌雄才肯罢休，结果严重到大打出手，或者闹个不欢而散、鸡飞狗跳的结局而影响了和谐，而且越是这样的人越对甘拜下风的人瞧不顺眼。争强好胜者未必掌握真理，而谦卑的人，原本就把出人头地看得很淡，更不消说一点儿小是小非的争论了。越是你有理，越表现得谦卑，往往越能显示出一个人的胸襟之坦荡、修养之深厚。

实际生活中，人都会有难堪的时候、做错事的时候、有求于人的时候，如果这时你处在评判的一方，尤其是他们的那些错处或什么事情牵涉到你的利益时，甚或他们与你有深仇大恨时，你会怎样做呢？不同的人可能有不同的做法。一般来说，愚昧的人或心胸狭窄的人爱为难别人，他们不愿意帮助人，不为人遮掩难堪，不包容或原谅人。他们甚至会乘人之危，鸡蛋里挑骨头，抓住把柄不放，且扬扬自得。这种不良行为正是他们愚昧阴暗心理的下意识表露。至于和他们有深仇大恨的人，就更不可能息事宁人了。但是在生活中，你也会经常处在难堪、有错、有求于人的位置上，比如你不巧弄脏了别人的衣裤，违反了交通规则，为讲义气与别人结了仇，等等。在这种情况下，你极其需要他人的包容。

将心比心，同情他人，宽容他人，不为难他人是一种美德。这种美德能够感化人，巩固人们之间的互助亲善关系，让社会形成一种宽厚的向善风气，小人就可能不会产生，阴暗的东西就会更少一些，自己遭遇不幸的时候，也更容易得到他人的帮助。不要抓住他人的错误或缺点不放，得饶人处且饶人。这样不仅可以减少矛盾，也会提升自己谦卑善良的品质。这种与人为善的品德，正是人类生存所需要的美德。

要有气量，宽容他人，就必须做到互谅、互让、互敬、互爱。

互谅就是彼此谅解，不计较个人得失。人都是有感情和尊严的，既需要他人的体谅，也有义务体谅他人。互让，就是彼此谦让，不计较得失。心底无私天地宽，淡泊名利，摒弃私心杂念，做到以整体利益为重，把好处让给别人，把困难留给自己，相互之间的矛盾就容易化解。争名于朝，争利于市，一事当前先替自己打算，对个人得失斤斤计较，是难以与他人和睦相处的。互敬，就是彼此尊重，不计较我高你低。尊重别人是一种美德，"敬人者，人自敬之"，尊重别人，自然会获得别人的好感和尊重。如果无视他人的存在，不尊重他人的人格，就不会有知心朋友。互爱，就是彼此关心，不计较相互间的差异，爱能包容大千世界，使千差万别、迥然不同的人和谐地融为一个整体；爱能融化隔膜的坚冰、抹去尊卑的界限，使人们变得亲密无间；爱能化解矛盾，消除猜疑、嫉妒和憎恨，使人间变得更加美好。是否拥有气量，关键看三点：一是平等的待人态度，不自认为高人一等，保持一颗平常心，平视他人，尊重他人；二是宽阔的胸襟，胸怀坦荡，虚怀若谷，闻过则喜，有错就改；三是宽容的美德，能够仁厚待人，容人之过。由此，气量实际上反映了一个人的素养和品性。巴菲特在金融业纵横多年，一方面是其投资手段高明，另一方面就是因为他的气量赢得了大家的尊重，大家都愿意与他合作，共同发展壮大。

》》》编者手记《《《

人们时刻都要管理好自己的情绪，尤其在人生的一些关键时刻。

宽容是一种气度，更是一种智慧。斤斤计较、回回戳中别人的痛处，图一时痛快，却在无意中埋下被人怨恨的种子。其实，大家都是成年人，自己犯了错误，未必全无察觉。与其戳穿真相让人尴尬，不如宽容以对，一笑置之。相信这样做你自己不仅少动肝火，还会让那犯错的人对你心生敬意。

巴菲特给儿女的事业忠告

第十章　管理的最高境界是管理自己

※忠告1　事必躬亲的优与劣

"领导者应将主要精力集中在统筹全局上，应该以结果为导向，而不是浪费自己的精力去做一些没有长远价值的事。"

在正式开始讨论这个话题之前，我们先来看看巴菲特在大量购买股票之前通常都会做些什么。"你可以选择一些尽管你对其财务状况并非十分了解但你对其产品非常熟悉的公司。然后找到这家公司的大量年报，以及最近 5～10 年间所有关于这家公司的文章，深入钻研，让你自己沉浸其中。当你读完这些材料之后，问问自己：我还有什么地方不知道却必须知道的东西？很多年前，我经常四处奔走，对这家公司的竞争对手、雇员等相关方面进行访谈……我一直不停地打听询问有关情况。这是一个调查的过程，就像一个新闻记者采访那样。最后你想写出一个故事。一些公司的故事容易写出来，但一些公司的故事很难写出来，我们在投资中寻找的是那些故事容易写出来的公司。"

在投资与经营决策的过程中，巴菲特总是能够做出正确的分析判断，很少犯错，这与他善于亲自调查、凡事亲力亲为的投资习惯是分不开的。巴菲特一直有收集年报的习惯。在他的办公室里没有报价机，但档案间很多抽屉里装满了年报，所以，在巴菲特的脑海里，存有许多人想象不到的关于美国大企业的信息，并且他还用最新的年报一直更新着这些信息。

1985年，巴菲特在致股东的信中写道："我和芒格都对《世界百科全书》非常感兴趣。事实上，我读他们的书已有25年历史，现在连我的孙子也拥有一套。所有的老师、图书馆与读者都称赞它为最有用的百科全书，而且它比同类型的其他书卖得便宜。这种质优价廉的产品，促使我们愿意按照该公司提出的价格进行收购，即使近几年直销业的表现并不太好。"

巴菲特向来都是亲自考察所投资的企业。既然已决定对斯科特公司投资，那么他就会全面地了解斯科特公司的经营状况。

在进行收购之前，巴菲特认真了解了斯科特公司的业务。斯科特公司最主要的业务就是《世界百科全书》。而《世界百科全书》对于巴菲特和芒格来说，再熟悉不过了。因为他和搭档芒格平常就对《世界百科全书》特别感兴趣。在阅读《世界百科全书》的过程中，他发现《世界百科全书》的内容和编排的质量非常高。当然也不仅仅他这么认为，这本《世界百科全书》被所有的读者评选为最有用的百科全书。由此可见，这本书的声誉很好。而且难能可贵的是，这本书卖的价格比其他同类书的价格还低。高质又低价的产品，自然人人都喜欢。《世界百科全书》的销售额比其他4家同行加起来总的销售额还要多，大约占斯科特公司总销售额的40%。

当然，巴菲特也没有忽视斯科特公司的其他业务。除了《世界百科全书》外，斯科特公司还经营着克比家护系统、空气压缩机、瓦斯炉等16项业务。而这些业务在其行业中也大多处于佼佼者的地位，能够获得很高的投资回报率。这些业务年销售额在7亿美元。

另外，巴菲特也没有忘记考察斯科特公司的管理层。毕竟，巴菲特是想收购一家企业加一个优秀的管理层。虽然在决定收购前，巴菲特并没有见过斯科特的总裁拉尔夫舒伊。但是拉尔夫舒伊已经在该公司当了9年总裁。巴菲特从斯科特的9年经营业绩中就慢慢了解到拉尔夫舒伊是个非常出色的管理者。

正因为巴菲特对斯科特公司的一切都非常满意，所以他按照斯科特公司提出的3.2亿美元收购了该公司。事实证明，巴菲特的投资眼光没有错。斯科特公司后来屡创佳绩，为巴菲特赚取了丰厚的利润。

巴菲特在做股票分析、投资决策时，从来不会不加证实就全盘接受，一切投资策略都要经过自己的调查才能做出。作为专业投资者，每天都有人向他推荐各种各样的股票，他收到的材料更是应有尽有，可是他基本上对此置之不理，婉言拒绝这些材料。通过亲自调查，巴菲特能够了解到一些只有该企业内部才清楚的信息，这也是巴菲特每次能够充满信心地投资自己选中的公司的原因。

巴菲特这种凡事亲力亲为的态度习惯，使得他能够获得别人难以知晓的信息，也能够清晰正确地解释那些他能看见的东西，这是每个投资者都应该学习的。不相信任何股评、不受外来信息的干扰、不迷信理论，因为在巴菲特看来，任何股票操作的理论，都不可能十全十美，在它的优点背后一定有其缺点。迷信内幕消息，容易吃亏上当。股票市场相关消息，每天都有很多，有实也有虚，有影响深远的，也有作用甚微的。因此，他认为作为一个成功的投资人，重要的一点就是深刻了解市场情报。

巴菲特说："你必须做到亲自调查并且认真思考，但令我惊讶的是高智商的人总是倾向于盲目地听从别人的意见，而我从未和别人的交谈中获得好的投资想法。如果联邦储备委员会的前主席艾伦·格林斯潘私底下对我说未来两年里他的货币政策将会是怎样的，即便如此，也不会改变我所要做的事情。"巴菲特只相信自己的调查研究。

然而大多数的投资人对投资对象的了解不多，也无法评估其价值，经常受到别人的意见影响而抢进杀出，没有经过亲自调查和独立的思考判断。这种盲目的投资方式是极容易失败的，"一个百万富翁破产的最好的方法之一，就是听小道消息并据此买卖股票。"

"投资方法和投资策略是很相似的，因为你要尽可能多地去收集信息，接下来，随着事态的发展，在原来信息的基础上，不断添加新的信息。不论什么事情，只要根据当时你所拥有的信息，你认为自己有可能成功的机会，就去做它，但是当你获得新的信息后，你应随时调整你的行为方式。"巴菲特认为，亲自调查掌握大量的信息并合理地调整运用才是投资取胜的关键。

显然，在投资方面事必躬亲是巴菲特的原则。不过，在公司管理方面他却不会这么做。他收购了新公司之后，极少干涉公司的运营管理，而是把管理大权交到合格的领导团队手中。之所以这么做，是因为凡事具有两面性，事必躬亲也是如此。

在收购这种公司重大决策方面，他绝对事必躬亲；但是涉及琐碎的管理问题，他会毫不犹豫地放权。在很多人眼中，巴菲特是悠闲的，他很少发号施令。在企业中，管理者在授权后就应退居幕后，尽量减少干扰。这样才能充分发挥出员工的能力，以此拓展业务。

彼得曾经向父亲请教如何以高效率管理员工，巴菲特回答，管理就是借助别人的手去完成任务。管理者要想提高工作效率，就必须学会将日常的事务交给下属去完成。如果一个领导者总是对下属的能力持怀疑态度，迟迟不肯把任务交给他们，那么他就永远无法证明自己的工作能力。

在现实中，我们经常看到许多忙忙碌碌的领导，就和热锅上的蚂蚁一样，每天忙得团团转，可是却不见成效。其实，他们已经陷入了一种不可自拔的旋涡：干得越多，就越是有更多的工作需要自己去做；忙得越厉害，就感觉越来越忙。因为，他们总是担心自己下属做不好工作，总是担心失去对下属的控制，总是认为只有自己才知道如何干，所以不得不一次又一次地亲自做。相反，如果能给予下属足够的信任，把任务交给下属去完成，并且为下属提供自由的空间，就可以使自己摆脱那些烦琐的日常事务。

领导者在用人时，要做到既然给了下属职务，就应该同时给予其职务相称的权力，放手让下属去干，不能大搞"扶上马，不撒缰"，处处干预，只给职位不给权力。

领导者用人只给职不给权，事无巨细都由自己定调、拍板，实际上是对下属的不尊重、不信任。这样，不仅使下属失去独立负责的责任心，还会严重挫伤他们的积极性，难以使其尽职尽力。所以，放手让你的下属去施展才华，只有当他确实违背你的工作主旨之时，你再出手干预，将他引上正轨。只有这样才能充分调动起下属的积极性，提升他们的工作业绩，而你最终也将赢得下属的真心拥护。

》》》编者手记《《《

成功领导者要明确自己应该做什么。要不断地思考"我应该为组织做什么"，而不是"我能做什么"。领导者应该做自己最擅长的事，成功领导者要认清自己的优势，要相信自己的判断，千万不要轻易改变自己的决策，更不要邯郸学步、东施效颦。每个领导者都有自己的风格和特色，不要改变自己的做事风格，不要轻易尝试自己根本不相信的事，应该学会用自己现有的主观能力，来努力确保任务完成、目标实现。

※忠告2　疑人不用，用人不疑

"当一位领导懂得充分信任自己的下属时，下属们做起工作来就能最大限度地发挥自己的潜力。"

猎头为彼得的公司物色了一个音乐人。此人非常有才华，能让彼得的公司在业务水平上更上一层楼。但是在是否雇用他的问题上，彼得犹豫了。这个人因为才华横溢而过于自傲，曾经因为各种原因连续从几家公司跳槽。

彼得在与父亲聊天时提及此事，征求父亲的意见。巴菲特告诉他，如果对他抱有怀疑，那就重新物色一个更合适的人选吧。彼得认为父亲的话有道理，想照着去做。没想到，此时公司突然涌入一大批业务，现有人手根本无法完成，彼得只好先雇用了这个人。

这时问题又出现了，其中有一个重要项目需要经验丰富的人带领团队完成，彼得认为这个人很合适，但是鉴于他之前的"劣迹"，他不想轻易把任务交给这个人。巴菲特听说了这件事，说应该让这个人试试。

彼得有些吃惊："之前建议我不要雇用他的人是您，为什么现在您还要我将这么重要的任务交给他呢？"巴菲特笑答，疑人不用，用人不疑。

"疑人不用，用人不疑"是巴菲特一贯的用人原则。熟悉他的人都知道，他非常重视人才，而且是一位知道如何使用人才的"伯乐"。他认为，如何用人在公司管理中有重大意义。他说过："在进行控股收购和股票买入时，我们要像购买的目标公司，不仅需要该公司的业务要优秀，还要有非凡出众、聪明能干并且是受人敬爱的管理者。"

巴菲特从多年的投资经历中所得的经验是：他只选择那些他喜欢、信任和他敬佩的经理人管理的优秀企业，他觉得这样才有机会获得良好的投资回报，巴菲特把这称为与伟人一起才能成就伟业。

1989年，巴菲特公开宣布他已持有可口可乐公司6.3%的股份。当被问到为什么没有更早地持有该公司的股票时，巴菲特回答是因为过去他对可口可乐的长期发展前景缺乏信心。

至于为什么后来又买进可口可乐公司的股票，巴菲特给出的解释是他看到了可口可乐公司在20世纪80年代在罗伯托·郭思达和唐·基奥领导下所发生的巨大变化。并且自1962年起一直担任公司总裁的保罗·奥斯汀1971年被任命为董事长，他被任命为董事长后，就开始了大规模的多元化经营，比如投资于众多与可乐无关的项目，包括水净化、白酒、养虾、塑料、农场等。

巴菲特认为这些举措是在浪费宝贵的资金。在股东的压力下，奥斯汀被迫辞职，1981年，可口可乐公司第一位外籍总裁罗伯托·郭思达上任。郭思达上任后全力以赴转向美国可乐市场上与百事可乐的竞争。1985年，可口可乐放弃了已使用100多年的老配方，推出了新的可乐配方。这一惊人的失误付出了惊人的代价。在无数可口可乐忠诚消费者的压力下，老配方不得不又恢复了。郭思达渐渐放弃了与可乐无关的业务。1984—1987年，即巴菲特投资前，可口可乐在全世界的销量增加了34%，每加仑边际利润也从22%上升到27%，国外的总利润从6.66亿美元涨到了几十亿美元。报告中更吸引人的是重新调整后的公司本身。1984年，可口可乐公司的国外利润勉强占总利润的一半多一点（52%），到1987年，它的利润的3/4来自于美国本土以外。是在他领导下可口可乐公司的巨大变化吸引了巴菲特的注意。

罗伯托·郭思达是非常难得的天才，他将市场销售与公司财务两方面的高超技巧整合在一起，不但使公司产品销售增长最大化，也使这种增长带给股东的回报最大化。

1997年，罗伯托·郭思达在被诊断出肺癌且消息对外公布后不到两个月不幸去世。罗伯托显示出卓越且清晰的战略远见，他总是将公司目标定位于促进可口可乐股东价值不断增长，罗伯托很清楚他要将公司引向何方、如何到达目的地、为什么这是适合所有股东的最佳路径。而罗伯托这种领导者，正是巴菲特所需要的。

巴菲特看重公司的管理者更甚于公司的眼前效益。当他认为一个人有能力完成管理大任时，会毫不犹豫地将公司交给他，所谓用人不疑即是如此。

聪明的管理者最擅长充分授权——既然将权力下放给了员工，

就要对员工充分信任，让员工在其职权范围之内，拥有足够的自主权，这样才能充分发挥其主观能动性。实现授权的一个重要平衡点就是相互信任。这里所指的信任，就是中国传统中的"用人不疑，疑人不用"之道。

不可否认，有效的授权必须是以领导者与员工之间相互信任为基础的，你一旦决定把某项职权授给某个员工，就应该充分信任他，不得处处干预其决定；而员工在接受职权之后，也要尽可能做好分内的工作，不必再事事向上级请示。相反，若是你不信任被授权者，在工作中不断地去询问其进度、方法、措施，如果下属没有给出满意的答案，就在未通知下属时，独自将事情处理完毕，你的授权还有什么意义？还不如你自己做了。而且你这样做，必然会造成自己与下属间的隔阂和矛盾，久而久之，就会在部门内养成一种不良风气，以后不管布置什么任务，都不会有下属主动参与了。这种企业领导会累死自己，部门绩效也一定不会彰显。

互信才能合作，分享才能共赢。任何成功都是建立在互信合作的基础上，任何成功都是团队智慧的结晶，是共同劳动的结果。为了打造优质团队，为了成就常青企业，我们必须学会信任和分享。

信任他人是团队合作的前提。如果团队成员之间对彼此的个人品质产生怀疑，很难想象他们能够为了某个团队的共同目标而毫无猜忌地竭诚合作。当然，我们对这种组织中的信任应做广义的理解，不仅包括对个人品质的信任，而且包含对专业能力的信任。

如果团队成员对彼此的个人品质产生怀疑，他们之间就很难建立坦诚、互信的合作关系；同样，如对彼此的专业能力不放心，他们也势必不敢全身心地投入到所合作的事业上。要赢得他人信任必须具备优秀的个人品质及过硬的专业技能。作为团队成员，必须诚信、负责，对自己所经手或承办的事诚信、负责，也对团队其他成员诚信、负责。时刻牢记自己是团队的一员，时刻牢记自己所从事的工作关系到整个团队目标的实现与否，关系到其他成员事业的成功与否。

在一个企业中，随着知识型员工的增加，每个成员的专长可能都不一样，每个人都可能是某个领域的专家。所以，任何成员都不能自恃过高，都应该保持足够的谦虚，并时常检查自己的缺点，不断完善自我。一个狂妄自大的员工很难获得他人的认可，难以融入整个团队中。诚信、负责、谦虚的个人品质或许足以赢得他人对你人品的信任，但不足以获得他人对你工作的信任。要获得他人对你工作的信任，还必须具备优秀的专业技能，故团队成员除了应修身养性外，还必须不断学习，提高工作技能，以便更好更快地实现团队目标。

信任是相互的，对于企业中的每个人来说，在赢得他人信任的同时也要信任他人。每个人都应具备豁达的胸襟，充分信任他人，认可他人的个人品质及专业素养。或许你认为他人在某些方面不如你，但你更应该看到他人的强项和优点，并对他人寄予希望。每个人都有被别人重视的需要，特别是那些具有创造性思维的知识型员工更是如此。有时一句小小的鼓励和赞许就可以使他释放出无限的工作热情。

　　除了要信任别人之外，身为组织的一员，你还应当养成与别人互惠互助，一起分享胜利果实的好习惯，只有这样，才能够形成通力合作的组织氛围。我们都不是孤立地存在于社会之中的，人与人之间有着各种各样的密切联系，都需要直接或间接的给予和接受，无论少了哪个环节，都必将影响不可分割的整体，而自己也必然受到一定的影响。只有当自己能够信任别人并与别人分享时，不仅自己获得了财富，也帮助别人获得了财富，取得了双赢的成果。

》》》编者手记《《《

　　权力的下放可以使员工相信，他们正处在企业的中心而不是外围，他们会觉得自己在为企业的成功做出贡献，积极性会达到空前的高涨。得到授权的员工知道，他们所做的一切都是有意义、有价值的。这样会激发员工的潜能，使他们表现出决断力，勇于承担责任并在一种积极向上的氛围中工作。在这种愉悦、上进的氛围中，员工不需要通过层层的审批就可以采取行动，参与的主动性就会增强，企业的目标也会更快得以实现。

※忠告3　给予你的团队最大的自由

　　"能不能随时离开这个部门，是你是否已经管理好这个部门的唯一标准；能不能随时离开这个公司，是你是否已经管理好这个公司的唯一标准。"

投资者要投资公司必然选择优秀的公司，这毋庸置疑。但是优秀的标准是什么，很多人都持有不同的观点。熟悉巴菲特的人都知道，他特别看重公司的管理团队。

1994年，巴菲特在致股东的信里写道："我们的投资组合持续保持集中、简单的风格，真正重要的投资概念通常可以用简单的话语来做说明，我们偏爱具有持续竞争优势并且由才能兼备、以股东利益为导向的经理人所经营的优秀企业。只要它们确实拥有这些特质，而且我们也能够以合理的价格买进，那么投资出错的概率可说是微乎其微。"

巴菲特认为，优秀的管理层对公司的发展至关重要。在他的投资生涯中，非常注重公司管理层的素质。如果公司的管理层足够优秀，哪怕对方提出的价格稍微高了点儿，只要管理层愿意留下来继续工作，巴菲特也会愿意收购。如果公司的管理层不愿意留下来继续工作，通常巴菲特就会放弃这项收购。在伯克希尔下属的子公司中，有很多非常优秀的经理人。巴菲特常说，正因为有这些优秀的经理人存在，公司的业绩才会如此出色。

当他收购了这些公司之后，会给经理人最大的自由度，不会对他们的决策横加干涉。由此我们也可以理解，为何伯克希尔公司麾下能聚集如此多的优秀经理人。在巴菲特手下，能完全施展自己的才华，没有人掣肘，这些精英有什么理由不为他工作呢？

不论在哪个公司、哪个团队，给予员工足够的自由度都是十分重要的。

现代企业作为社会经济生活中最具活力的领域和组织形式，往往被员工视为展示自我、实现自身价值的最佳平台。企业管理者要在人事安排上多费心思，力求做到尽善尽美；要充分考虑员工个人的兴趣和追求，帮助他们实现职业梦想。管理者必须营造出某种合适的氛围，让所有员工了解到，他们可以从同事身上学到很多东西，与强者在一起只会让自己更强，以此来帮助他们充满激情地投入工作——而不是停在那里，对他们的际遇自怨自艾。

爱因斯坦说过："通常，与应有的成就相比，我们只能算是'半醒者'，大家往往只用了自己原有智慧的一小部分。"因此，对于领导者来说，最好的管理之道就是鼓励和激励下属，让他们了解自己所拥有的宝藏，善加利用，发挥它最大的神奇功效。其实，从某种意义上来说，下属的成功就是领导者的成功，帮助下属成功也是领导者赢得下属追随的最好办法。巴菲特为何总能如此地潇洒，手中掌控着多家公司还有空闲时间去打桥牌？因为他给了他的经理人们足够的自主权。因为他敢于放权，才能从具体烦琐的事务性劳动中解脱出来，有足够的时间去考虑更为宏观的事情。

只有当事情没法分派给别人做的时候，巴菲特才亲自做。彼得有了自己的公司之后，巴菲特告诉他，要对自己的长短认识清楚，承认自己的能力缺陷。如果自己并不是一个最好的领导者，就应该寻找能力互补的人建立职业管理团队。巴菲特自己就是这样做的，他善于找到每项业务的最佳管理者并使该项业务达到极致。

人们都喜欢完成工作的过程不受他人强制的感觉，这是人们的本性使然。人有趋利避害的本性；有被习惯左右行为的本性；有依靠共通的文化习俗求生存的本性；有创新，适时改变自己的习惯和习俗以适应外界环境的本性。顺着这些本性去完成工作，人们会觉得原本就如此，很顺当，不会有牵强和被强迫的感觉及不满，完成工作也就自然而然。他们会觉得自己是企业的一分子，积极性会达到空前的高涨。巴菲特恰恰善于在这方面做文章。

很多人对管理的认识非常浅显，流行的管理观点有两种：一种认为管理是上层人的事，好像管理只和老板有关；另一种则认为管理就是指挥别人工作。第一种观点其实只告诉我们谁属于管理层，而并没有说明管理是什么。管理不仅仅是投资者的事，随着现代管理的深入发展，投资者和管理层在逐渐分离。企业一旦建立，就不仅仅属于投资者，而是属于社会。第二种观点只看到了现象，并没有认识到管理的本质，管理是个互动的过程，管理是"人"的工作，管理是为了实现企业的使命和宗旨。

而在巴菲特看来，管理是一门艺术，并且是一门宽泛的艺术。管理是管理者和管理对象之间的一种交流，管理者的精神面貌、气质乃至处世的方式等都会对管理对象产生影响。同样，管理双方能够进行互动，就需要在知识层次、价值观、自觉性、处世的经验等各个方面产生一种平衡。如果管理者对他的下级采取蛮横蔑视的态度，那么这种交流的平衡和契合点就不存在了，管理对象会因为失去自尊而抱怨甚至产生抵触情绪，这种情况长期持续下去，就会大大削弱组织的向心力，进而影响组织的绩效，以及组织目标的实现、使命的完成。

之所以说管理是宽泛的，因为它涉及知识、自觉性、智慧，亦即领导等有关人的各个基本方面；之所以说它是艺术，因为它需要各种实践与运用。作为管理者，必须掌握各种知识，充分激发人的主观能动性，使管理对象能充分发掘自己的潜能并且乐于工作。但有一点需要注意，管理所需要的那些知识必须集中到管理的成效上去，不能为了艺术而艺术，因为对企业而言，管理是为了有更好的成效，如果不能提供更好的产品或者服务，那么这种艺术便没有任何意义。

在管理方面，巴菲特做得很成功。他通过给予自主权的方式让员工知道，任何员工的努力都是有价值的。员工的潜能得到激发，他们表现出决断力，敢于担当责任并在一种积极向上的氛围中工作。在这样愉悦、上进的氛围中，员工不需要通过繁文缛节的审批就可以采取行动，参与的主动性就增强了，企业的目标也会更快得以实现。

巴菲特一直主张授权要坚持信任原则，他让公司的经理人在职权范围内自主处理问题。有一次，运输公司为加收一笔3万美元的运输费，打电话找到伯克希尔公司一个子公司的部门经理，这位年轻的经理当即拍板同意，运输公司的人听了大吃一惊，一再问是不是要请示一下你们的总经理。得到的回答是："在我职权范围内的业务，我说了算！"结果，这件事很快办成了。假如巴菲特在授权中不坚持信任原则，被授权者不敢这么干，恐怕这件事就很难办成。或者即使办成，效率也不会这么高。

其实，不管从事什么行业，想要成功，管理者都必须创造出一种使员工能有效工作的环境。作为一名管理者，要正确地利用员工的力量，充分地相信自己的员工，给予他们充分的创造性条件，让员工感觉到领导对他的信任。士为知己者死，一个员工一旦被委以重任，必定会产生责任感，为了让领导相信自己的才干和能力去努力达到目标。

巴菲特非常愿意给予员工充分的空间，发挥他们的最大作用和潜能。他采取的领导方式就是放权，不用任何规章去束缚经理人，让他们在无拘无束的信任氛围中，发挥每个人的创意和潜能。他喜欢把复杂的事情简单化，因为他相信自己的经理人有足够的经验和智慧，他很信任经理人，让他们自行做决策，如果有经理人不守法，他会单独针对这个经理人处理，而不是对所有经理人一视同仁。

伯克希尔公司在人才引进时标准很高，因此伯克希尔的经理人素质都非常高，员工在自主状态下彼此激发，使得整个团体的表现都极其出色。伯克希尔的经理人有权对他们进行的工作做任何决定，因此他们的决策和行动非常迅速，工作非常有效率。信任员工，放手让员工去做，这也是伯克希尔始终保持成功的原因之一。

>>> 编者手记 <<<

管理者应借力而行,放手让员工去干,为下属搭建"舞台",给员工以充分实现个人价值的发展空间。

管理者必须有这样一种胸怀,为别人的成就打上聚光灯,而不是为自己的成就打灯。他们应让别人成为组织里人人皆知的英雄。正如一位成功企业家所说的,"如果最高领导者从来都不让他的员工分享权力、分享成功荣誉,而是把功劳全往自己身上揽,那谁还会跟着他干呢?除非是傻瓜。"

第十一章　培养高效完成任务的习惯

※忠告4　拒绝拖延，果断的人才能把握住机会

"要是不能把握时机，就要终身蹭蹬，一事无成。"

巴菲特在股票买卖中，以出手果断著称。

众所周知，巴菲特注重长期持有股票的策略，如果一家公司持续拥有竞争优势，那么就不应该减持手中的股票。道理很简单，对于一家效益优秀的公司股票，持有的时间越长，得到的回报也就越多。但是在三种情况下，卖出手中股票是更为明智的做法。第一种情况是，当你需要更充足的资金用于投资一个更优秀、价格更便宜的公司；第二种情况是，当你所持有的公司股票，其公司持续竞争优势地位逐渐消失；第三种情况是，在牛市期间股价远远高于其长期的内在价值。

对于前两种情况，也许普通投资者能够容易做到。但是第三种情况，许多投资者往往因为恐惧或是担心错过更大利益的心理，而丧失了对出售时机的把握，这也是许多投资者在牛市过后遭受严重

损失甚至一贫如洗的苦果。许多人都害怕自己在出售股票后会迎来新的高点，以致造成利益损失。

巴菲特认为，一个简单的原则可以判断什么时候是出手的好时机：当优秀公司达到 40 倍甚至更高的市盈率时，这就是应该出手的时机了。

1999 年，巴菲特在《财富》杂志撰文道："投资者不要被股市飙涨冲昏了头，股市整体水平偏离内在价值太远了。"巴菲特在文中预测，美国股市不久将大幅下跌，重新向价值回归。他提醒投资者，在股市处于全盛时期，一定要保持清醒的头脑，看清楚市场的状态。在股价上涨的同时，市场的风险性也越来越高，当市场膨胀到一定的程度，股价势必急转下跌。一旦股市大幅下跌，其下跌至什么程度也不好预测，而等到股市回升需要一段调整时间，并存在潜在的风险。所以，当投资者手中持有的股票无法体现出它的内在价值时，与其长期持有，倒不如立即出售。

1969 年，随着 20 世纪 60 年代美国股市的狂飙突进，巴菲特解散了合伙人企业。1972 年，伯克希尔的保险公司的证券组合价值 1 亿 1 百万，其中只有 1700 万用于投资股票。1987 年，道·琼斯指数飙升到令人吃惊的 2258 点，股市正值全盛时期。就在这时，巴菲特判断当前的股市是个危险地带，所以立即将手中大部分股票予以抛售。

在很多投资者看来，这种举动是疯狂的，是在将美元拒之门外。当时公司其他领导者劝巴菲特不要抛售，即使是缓一缓抛售也是好的。巴菲特断然拒绝了他们的建议,果断地将股票售出了。

事实证明,巴菲特的果断是正确的。

巴菲特经手的另一个著名案例发生在1987年。那一年10月18日清晨,美国财政部长在全国电视节目中说的话让人震惊:如果联邦德国不降低利率以刺激经济扩展,美国将考虑让美元继续下跌。结果,就在第二天,华尔街掀起了一场震惊西方世界的经济风暴:纽约股票交易所的道·琼斯工业平均指数狂跌508点,6个半小时之内,5000亿美元的财富烟消云散!第三天,美国各类报纸上那黑压压的通栏标题压得人喘不过气来:《10月大屠杀》《血染华尔街》《黑色星期一》《道·琼斯大崩溃》……华尔街被笼罩在阴霾之中。

投资人们疯狂抛售持股,这时巴菲特却毫不迟疑地做出一个令人吃惊的举动:大量购入股票。他以极低的价格买进他中意的股票,并以一个理想的价位吃进10多亿美元的可口可乐公司的股票。不久,股市回升,巴菲特又抓住机会抛售手中的股票,其获得的巨大利润令人咋舌。

这一役,巴菲特做得干净利索,获利极丰。

股市中流传着这样一句话:会买是徒弟,会卖是师父,要保住胜利果实,应该选准卖出的关键时机。在股市中,不但出手要快,收手更要快。拖拉与犹豫,只会使人错失良机。一旦看准机会,就要毫不犹豫地出手。

从孩子们小的时候开始,巴菲特就告诉他们做事要果断,不犹疑。

霍华德小时候发生过这样一件事：霍华德有一次跟着巴菲特和一些朋友去树林中野餐。这片树林中有山鸡，一位朋友专门带来了捕山鸡的工具。他们把木箱子用木棍支起，在木棍上系上绳子，绳子另一头一直接到他们藏身的草丛之中。山鸡飞下来去啄食撒在箱子下面的谷粒，只要一拉绳子就可以把山鸡罩起来了。

霍华德和几个小孩儿隐藏起来，观察动静。一会儿，飞来了一群山鸡，共有11只。大概是山鸡太饿了，不一会儿就有8只山鸡走到了箱子下面。一个小朋友让霍华德拉绳，可他犹豫地说："再等一会儿，这样更稳妥一些。"他们等了一会儿，非但那3只没有进去，反而又走出了4只。其他孩子劝他拉绳子，霍华德说再有1只走进去才拉绳子。但是接着又走出来2只。如果这时候拉绳子，还能套住1只，但是霍华德担心剩下的那只，拉绳子也未必能罩住它。不幸的是，最后一只山鸡好像也感到不妙，也走出来了。

霍华德那一次，一只山鸡也没捕到。霍华德非常沮丧。巴菲特宽慰他，虽然没能捕到山鸡，但是他至少从这次教训中得出一个道理：优柔寡断，只会使机会稍纵即逝。

犹豫不决的人，在机遇面前，没有果断力、没有信心，他们的一生注定平庸。成功的人能迅速地做出决定，并且不会经常变更；而失败的人做决定时往往很慢，且经常变更决定的内容。

凡事都要果断。一切的失败，都可以从拖延、犹豫不决和恐惧中找到一些答案。"果断"二字，看似容易，做起来很难。在没有想好对策之前犹豫不决还可以理解，想清楚了还在犹豫，这就是失败的一大诱因。五心不定，输得干干净净。任何莫名的踌躇、犹豫和毫无主见、优柔寡断，都将使你的才干和智慧受到莫大的损失。

而意志坚定的人，任何困难挫折，都不能丝毫改变他的立场和决定，他宁愿做一只寂寞的鸵鸟，一个人在沙漠孤独地奔跑。外来的风吹雨打，对他来说，只是一种暂时的困苦，一种磨炼，在与之抗争的过程中，他由衷地感到了生命的乐趣。对他的讥讽，也丝毫不能使他发生动摇。犹豫不决，只能使我们的行动受到无限期的拖延，最终使我们什么都做不了，根本谈不上成功，结果只能望洋兴叹。

机遇的产生和利用都与主、客观条件有关，而主观条件更为重要。一个当机立断的人，一个有主见、善决断的人，在面对重大事件时，他绝不会方寸大乱，落伍于时代，绝不会为任何事物所阻碍。他们具有高超的判断力和坚强的决心，他们生来就是要做高尚事业的，他们明察善断，使他们轻易获得成功。他们总是言出必行，事情做完还有余裕。他们对自己的运气很有把握，所以能以更大的信心去创造辉煌。

要做一个果断的人，培养良好的决策能力，可以从以下几个方面入手：

1. 不怕做错决定。一个人要想好好运用决定的力量铲除一个个障碍，就要克服对"做错决定"的恐惧。在一些必须做出决定的紧急时刻，果断决策者会集中全部心智来做一个决定，尽管他当时意识到这个决定也许不太成熟。在那种情况下，他必须把自己所有的理解力和想象力激发出来，立即投入紧张的思考中，并使自己坚信这是在当时的情况下所能做出的最有利的决定，然后马上付诸行动。对于成功者来说，有许多重要决定都是在未经充分考虑的情况下迅速做出的。

2. 先策划再决定。做决定永远比以后的行动困难得多，所以在做决定的时候要多动动脑子，不过也不能太花时间，更不要一味担心怎么去做或做了之后会有什么后果。对于比较复杂的局面需要从各方面权衡和考虑，一旦打定主意，就不要怀疑，不要更改。

3. 保持决定弹性。做好决定不表示不能变更，不要死守一个做法。万事都在变，那未必是最佳方法。做事不要太死板，要学习怎样保持弹性，听听其他人善意的建议。

4. 实施决定行动。世界顶尖潜能大师安东尼·罗宾认为，是我们的决定而不是我们的遭遇，主宰着我们的人生。唯有真正的决定才能发挥改变人生的力量，这种力量任何时间都可支取，只要我们真正去实施。

如果你发现了已经来临的机会，千万不要犹豫，该出手时就出手，果断抓住它，收获就会伴随而来。

>>> 编者手记 <<<

果断这种良好的意志品质，并非与生俱来，更非一日之功，它是与聪明、学识、勇敢、机智有机结合起来的，与个体思维的敏捷性、灵活性密不可分。谁都知道机会对人的意义重大。在生命中许多重要的转折点，如果我们有果断的决策和行动，我们还会缺少机会吗？

※忠告5　与其勤奋工作，不如高效率工作

"对于一个渴望成功的人，提高工作效率是通往成功的捷径。"

成功需要的不仅仅是勤奋，也不单纯与花费的时间、精力成正比，同样需要方法。只有正确的方法才能提高解决问题的效率，才能保证成功。

在追求效率的年代，越来越多的人都认可了一个新的观念，那就是做任何事情都要讲究效率和效益。如何获得效率和效益？如何能有好的结果？这就需要方法。一旦方法对路，一个人的工作效率就会凸显出来，其工作能力也会得到大家的认同。可是许多人在工作中并不懂得这个道理，他们可能并不缺少工作的热情，也是绝对的勤奋，但工作成效却不尽如人意。这样的情况并不少见。

巴菲特认为，之所以会出现这种情况，是因为他们在工作开始时并没有仔细地思考过，或者说盲目地开始了工作，这一点在具体的工作中会表现得极其明显。有的员工做事盲目无头绪，只注重宏观的效果，缺少对微观的把握，尽管从表面看来，他们也很勤奋，

几乎天天在加班的行列里都看到他们的身影,但结果总无法令人满意。

在伯克希尔公司工作的丹尼尔,毕业于康奈尔大学,有着令人羡慕的教育经历,人生的天平似乎早早地倾斜在他这一边,他也是公司公认的勤奋员工,但是两年过去了,他仍然只是一名普通的职员,这是为什么呢?问题就在其工作方法上。

每一次主管布置一项任务时,丹尼尔都会以百分之百的热情投入工作,他会找到所有需要的数据进行分析,然后进行大量的统计工作。每天他都在不停地进行统计与分析,每当遇到一项复杂的数据时,他非要弄明白不可。这种勤奋刻苦的精神是难能可贵的,可是效果如何呢?他似乎陷入了一种"分析陷阱",不能自拔。随着时间的流逝,他并没有拿出一个切实可行的办法。

工作不同于学术研究,勤奋笃实的作风固然没错,但探究"为什么"远不如"什么对目前的工作有益"更重要。以错误的方法工作,直接导致了丹尼尔工作效率的低下,虽然消耗了大量精力,也花费了大把的时间,却没有形成应该的正比关系产出。

在我们身边经常有这样的情况发生:有的人工作很勤奋,每天都忙个不停,但是由于工作方法不正确,效率很低,还常常加班加点来完成工作,工作绩效平平;有的人平时很少加班,工作方法正确,能用较少的时间来完成工作,绩效相当好。对于前者,或许最初上司会因为你的刻苦努力而欣赏你,但是长期下来,由于工作结果始终不佳,你的努力几乎都是白费。这是一个重视过程,更重视结果的年代，我们不仅要勤奋，更要用合理的方法做事。

巴菲特教育孩子的时候会鼓励他们勤奋做事，但是他也告诉孩子，很多时候方法比勤奋更重要。当孩子们在不断努力、不断失败之后，他会让他们停下来想想，寻找一个更好的解决问题的方法。他甚至觉得，这比拥有勤奋的态度更有用。

现代社会是一个讲究效能的时代。在我们的工作中，要提高工作效率、提高解决问题的效能，就必须找出最简单、省力的方法。事实证明，很多成功者具有提高效能的科学工作方法，这才是他们出类拔萃、真正成功的秘诀。要想提高工作效率，可参考以下方法：

1. 清晰的计划和明晰的条理。制定一个明确的工作进度表，才能高效率地办事，在短期内出色地完成工作。你用于计划的时间越长，你完成工作所需要的时间就越短。这两个时间存在着极大的相关性和互补性，就看你怎么做，你是愿意多花一些时间在计划细节上，还是愿意多花一些时间去调整因为盲目工作而导致的错误。根据自己制订的计划和安排，依照先后顺序来学习和工作，不要让其他的事情或自己其他方面的兴趣使自己偏离当前的目标。

2. 培养重点思维，一次做好一件事。富兰克林将自己一生的成就归功于"在一定时期内不遗余力地做一件事"这一信条的实践。博恩·崔西博士认为："如果你能够将自己的努力始终集中在你的目标和最重要的事情上面，坚持在一定时期内做好一件事，就没有什么东西能够阻止你了。"重点问题重点突破，是高效能人士思考的习惯之一，如果一个人没有进行重点思考，就等于无主攻目标，做事的效率必然会十分低下。相反，如果他抓住了主要矛盾，解决问题就变得容易多了。

3. 及时改正错误，分辨事物的好坏。一名高效能人士要善于从批评中获得进步的动力。批评通常分为两类，有价值的评价和无理的责难。不管怎样，坦然面对批评，并且从中找寻有价值、可参考的成分，进而学习、改进，你将获得意想不到的成功。善于分辨事物的好坏，哪些是有利于工作的，哪些是不利于工作的，并很快摆脱不利因素的影响，朝着正确的目标前进。

4. 时间管理和要事第一。创设遍及全美的市务公司的亨瑞·杜哈提说，不论他出多少钱的薪水，都不可能找到一个具有两种能力的人。这两种能力是：第一，能思想；第二，能按事情的重要程度来做事。因此，在工作中，如果我们不能选择正确的事情去做，那么唯一正确的事情就是停止手头上的事情，直到发现正确的事情为止。处理问题的顺序：重要工作→优先处理，一般工作→随时处理，可办可不办→暂缓处理，紧急事情→立即处理。

5. 运用"二八"法则。研究"二八"法则的专家理查德·科克认为，凡是洞悉了"二八"法则的人，都会从中受益，有的甚至会因此改变命运。彼得在斯坦福大学读书时，学长告诉他千万不要上课，"要尽可能做得快，没有必要把一本书从头到尾全部读完，除非你是为了享受读书本身的乐趣。在你读书时，应该领悟这本书的精髓，这比读完整本书有价值得多"。这位学长想表达的意思实际上是：一本书80%的价值，已经在20%的页数中就已经阐明了，所以只要看完整书的20%就可以了。这就是专精于一小部分内容的学生，可以给主考人留下深刻的印象，而那些什么都知道一点但没有一门精通的学生却不让考官满意的原因。这个窍门让他花了3个学期把大约20门基础课全部修了一遍，而别人只是选修其中一部分。

6. 专注工作，善于自我管理。一心一意地专注于自己的工作，是每一位职业人士获取成功不可或缺的品质。当你能够专注地做每一件事时，成功也就指日可待了。杰克·韦尔奇认为，一名高效能人士应该具备出色的自我管理能力，一个连自己都管理不了的人，是无法胜任任何工作职位的，当然，最终他也不会成为高效率的工作者。

7. 重视细节，臻于完美。精细化管理时代已经到来，细节决定成败。一个人要成为一名高效能人士，必须养成重视细节的习惯。做好小事情既是一种认真的工作态度，也是一种科学的工作精神。一个连小事都做不好的人，是绝不可能成为一名高效能人士的。完美是对工作质量的严格要求，只有一件完美的产品才能受到消费者的青睐。

8. 注重准备工作，告别瞎忙。凡事预则立，不预则废。一个善于做准备的人，是距离成功最近的人。一个缺乏准备的员工，一定是一个差错不断的人，纵然有超强的能力，千载难逢的机会，也不能保证自己获得成功，这样的人自然无法成为一名高效能人士。只靠忙，并不能直接给我们带来想要的结果，也不能给我们带来良好的业绩。只有善于掌控时间，能够时刻忙于要事的人才能成为辛勤劳作的真正受益者。

据瑞士联合银行集团（USB）对世界71个城市做过的一项调查显示：亚洲人最忙碌，欧洲人最悠闲。但众所周知，欧洲的经济实力比亚洲强，欧洲人的工作效率和收入也明显高于亚洲人。有的外资企业，特别是欧美企业，一周上四天半班。但是，外资企业的人均利润却是国内同类国企或民营企业的10倍以上。

9. 随时做记录，及时进行总结。同一批新人，在最初的几年里，他们所做的事情可能没有太大的区别，他们的经历有很多相似之处，但是为什么在后来的日子里他们具有不同的能力呢？这就是——他们从相同或相近的经历中总结出了不同的东西。那些能够从自己的经历、经验中总结出富有价值的规律的人，将有更多成功的机会。

10. 责任重于一切。著名管理大师德鲁克认为，责任是一名高效能工作者的工作宣言。在这份工作宣言里，你首先表明的是你的工作态度：你要以高度的责任感对待你的工作，不懈怠你的工作，对于工作中出现的问题敢于承担。这是保证你的任务能够有效完成的基本条件。

》》编者手记《《

在职场中，很多人每天忙忙碌碌，却总是忙而无功；感觉自己付出了很多，却总是不能让老板满意；没有一刻空闲，到总结时却说不出自己做出的成绩。

如果你正处于这样的状态，这时的你就需要提高警惕了，也许你不是工作不努力，而是需要掌握正确的方法提高工作效率。因为，如今可不是讲求慢工出细活的时代，效率总是与工作业绩、奖金，甚至晋升挂钩，因此每天费尽心思琢磨的应该是如何提高工作效率。

※忠告6 建立积极主动的工作态度

"不管你在哪里工作，都别只把自己当成是名员工，应该学会努力适应，把公司当成是自己开的一样。事业生涯除了自己之外，全天下没有人可以掌控，这是你自己的事业。"

主动工作是在没有人要求你、强加于你的情况下，而你却能自觉而且出色地做好自己的事情。主动的人才可以得到赏识，自觉是他通向成功的通行证。当主动成为一种习惯时，我们就能从中学到更多的知识，积累更多的经验，就能从全身心投入工作的过程中找到快乐。让主动成为习惯，你将因此受益无穷。

巴菲特参加奥马哈市一个童子军活动时，孩子们对他如何取得成功感到好奇，一个男孩子问巴菲特，是不是因为有卓越的才华所以才会成功？巴菲特笑了，他说他的孩子们在年幼时也曾问过他同样的问题。他的回答是，才华仅仅是一个方面，如果想登上成功之梯的最高阶，就要永远保持主动。

成功的人很明白，任何事情只有自己主动争取，并且要为自己的行为负责才能圆满完成。没有人能保证你成功，只有你自己；也没有人能阻挠你成功，只有你自己。

我们经常看到那些成功大师的侃侃而谈，却常常忽视他们默默无闻的耕耘。其实成功是一种努力的累积，无论何种行业，要想攀上顶峰，通常都需要漫长时间的努力和精心的规划。

因此，许多企业都有意识地把自己的员工培养成对待工作能够积极主动的人。工作积极主动的员工，会勇于负责，有独立思考的能力。他们不会像机器一样，按照别人的吩咐去机械地完成工作，他们往往能够发挥创意，出色地完成任务。而没有自动自发意识的员工，墨守成规，裹足不前，凡事只求符合公司的规则。他们会告诉自己，管理者没有让我做的事，我又何必插手呢？又没有额外的奖励！显然这两种截然不同的想法会导致不同的工作表现和工作结果。

那些整天抱怨工作的人是不可能积极主动的。一个主动工作的员工，对于工作的责任和意义有深刻的理解，并随时准备展示自己的全部才华，因此，他们总能够从工作中得到更多的回报。

伯克希尔公司有一个前台，工作很简单，就是向来人指路、接电话、转邮件和订票。可是这个前台与别的前台不同，这样简单的工作她天天都能微笑面对，而且把工作做得很细致，谁找她办过事，下次她都叫得出名字来。大家都非常喜欢她。后来，她被调到开发部做秘书，待遇优厚。

有人说她运气好，其实不是这样的。很多公司的前台，工作时间长了，一点笑容都没有。没有微笑的前台，怎么会让人喜欢呢？不要觉得小事、琐碎的事情就无法学到东西。小事同样能成就大事，关键就在于你的心态如何。积极而平和的心态、脚踏实地的精神是成功的必要条件。

在现实生活中，我们经常会看到一些受过良好教育、才华横溢的"穷人"，他们在公司里长期得不到提升，主要是因为他们不愿意自我反省，养成了一种嘲弄、吹毛求疵、抱怨和批评的恶习。他们根本无法自发地做任何事，只有在被迫和受监督的情况下才能被动地工作。最根本的原因，是他们还没有悟透一个道理：努力工作并不仅仅有利于公司和管理者，其实真正的受益者恰恰是自己。

无论你从事的是什么职业，也无论你现在身居何方，都不要认为自己仅仅是在为管理者工作。如果你认为自己努力工作的最终受益者是管理者，那么你就犯了一个大错误。

一名员工工作的过程同时也是一个提升自我的过程。如果你不能在工作中完善自我，则如同逆水行舟，不进则退，你会掉队，跟不上时代的发展，更确切地说，你就不能为公司创造价值。不能给管理者带来效益的员工在公司里是没有立足之地的。

如果你能够认识到，我是在为我自己工作，那么你将会发现工作中包含着许多个人成长的机会，这些无形资产的价值是无法衡量的，最终受益者是你自己。

我们究竟为了什么工作？

除了薪水，我们还能从工作中获得什么？

我们工作这么辛苦究竟是为了什么？

既然是为别人打工，何必这么投入地工作，不如得过且过……

在很多员工眼中，管理者是以一种"剥削者"的身份出现的，他们认为自己认真工作，一旦付出超出薪水的努力就会"便宜"了管理者。事实上，这是一种认识上的误区。员工为管理者打工，管理者必须付给员工报酬，这是对员工价值的一种体现。但是，除工资之外，任何一家公司和管理者其实还给了每一位员工很多东西。员工在工作中除了获得金钱外，最大的收获就是经验，还有良好的培训、个人职业品质的提高和个人品德的完善。这些东西，如果员工在企业里工作时能很好地获得，将会是自己受益一生的财富。这些无形的东西，再多的金钱都买不来。

糊弄工作的人往往只知道为工资而工作，对自己的工作和事业缺乏长远的规划。这样做不但对管理者无益，长此以往对自己的生命也是一种摧毁，会使自己事业的生命日渐枯萎，白白断送自己的前程。相反，那些踏实工作、认真做事的人却往往能够从自己的工作中获得最大的益处和提升。当然，他们也常常是管理者眼中的"红人"。

你可以把工作当作一个学习机会，从中学习业务知识、提升个人修养、积累行业经验……长期下去，你不但能够获得很多知识，还可以为以后的工作打下坚实的基础。在工作中投机取巧或许能让你获得一时之利，但它会在你以后的工作中埋下隐患，从长远来看，这对自己是有百害而无一利的。

积极工作的员工不会为自己的前途操心，因为他们已经养成了一个良好的习惯，到任何公司都会受欢迎。他们能意识到积极的心态对自己事业成功的影响，让自己拥有良好的人际关系，为自己赢得更多的机会。所以，这些员工在投入工作时必定会让自己保持积极的心态。积极的工作心态表现出员工对工作的进取心，使员工更容易得到管理者的赏识。

事实上，人生所追求的大多都和心态有一定的关系。好工作、自尊、自信、快乐、成功、金钱等，都和你的心态有关。

那么，如何培养积极的心态呢？可以从以下几个方面做起：

1. 要心怀必胜、积极的想法。当我们开始运用积极的心态并把自己看作成功者时，我们就开始走向成功了。但绝不能仅仅因为播下了几粒积极乐观的种子，就指望不劳而获，必须不断给这些种子浇水，给幼苗培土施肥，才能收获成功的人生。

2. 用美好的感觉、信心与目标去影响别人。随着你的行动与心态日渐积极，你会慢慢获得一种美满人生的感觉。信心日增，人生的目标感也越来越强烈，而别人也会被你吸引，进而被你影响。

3. 每天都进行积极的自我暗示。积极的自我暗示语言能激励我们积极思考、积极行动。经常使用这种自我激励法激发自己，并融入自己的身心，就可以保持积极心态，抑制消极心态，形成强大的动力，进而获得成功。

4. 学会微笑。微笑是赐给人类的专利，微笑是一种令人愉悦的表情。面对一个微笑着的人，你会感到他的自信、友好，同时这种自信和友好也会感染你。微笑可以鼓舞对方，可以消除人与人之间的陌生感和隔阂。

5. 到处寻找最佳的新观念。要找到好主意，靠的是态度，而不是能力。一个思想开放、有创造性的人，哪里有好主意，就往哪里去。好主意能提高积极心态者获得成功的能力。

6. 培养一种奉献精神。一个积极心态者所能做的最大贡献是给予别人。给予别人也是一种生活方式，我们永远都无法预测它所带来的积极结果。

7. 永远也不要消极地认为什么事是不可能的。首先你要认为你能，然后去尝试、再尝试，最后你会发现自己确实能。所以，把"不可能"三个字从你的字典里去掉，把你心中的这个观念铲除掉。谈话中不提它，想法中排除它，不再为它寻找借口，用"可能"二字代替它。

8. 培养乐观精神。以乐观的精神面对一切，工作就更容易做。

9. 言谈举止像自己想成为的人。想象自己未来的样子，并为自己寻找一个希望成为的目标，从细微举止上效仿来塑造自己。

>>> 编者手记 <<<

成功的机会是不会白白降临的，只有积极主动工作的员工才有获得更多好机会的可能。而积极主动工作是一种工作习惯，如果你只想在管理者注意时才好好表现，那么你永远不会有好的表现。

在任何一个公司里，那些无须管理者交代就自己找事做的员工，那些接到任务时不会找借口的员工，那些永远也不问"怎么办"而是积极想办法克服困难的员工，那些主动请命为公司工作的员工就是管理者心目中最优秀的员工，当有升职机会时，管理者第一时间想到的就是这些人。

第十二章　浅薄无知比自卑更可怕

※忠告7　拒绝浮躁，做职场中的"大笨象"

"只有脚踏实地的人才会让别人有安全感，也愿意将更多的责任赋予你。"

霍华德决定走入社会前，与父亲做了一次长谈。他告诉父亲，自己非常希望能够在职场中有所作为，但是他又不知道从何做起，对即将到来的陌生生活感到恐惧。巴菲特为儿子打开了一罐刚从冰箱里取出来的凉可乐，宽慰他说，这其实并没有什么可怕的，只要踏实做事就可以了。巴菲特告诉儿子，人要想实现自己的梦想，就必须调整好自己的心态，打消投机取巧的念头，从一点一滴的小事做起，在最基础的工作中，不断地提高自己的能力，为自己的职业生涯积累雄厚的实力。

人们爱称象为大笨象，意思是说它又大又笨。大是肯定的，非洲象的体重最高纪录达7吨半，亚洲象的最大体重为5吨。毫无疑问，即使是最轻的象，也堪称当今陆地上兽类的"巨人"、体重的冠军。重量级的体重致使它行走有点笨拙，没有足够的轻盈灵活。但是笨归笨，慢归慢，大象走起来却是一步一个脚印，每一步都蕴含着雄厚的实力。不像职场中的许多人，大话说得天花乱坠，却无法一一落实。

因为这个社会有点浮躁和急功近利，所以总会有不少人每天都在想办法寻求成功的捷径，一行动起来，就尽可能地钻空子、占便宜，而不愿踏踏实实地按照正当的程序去做，白白地丢掉了成功的机会，也丧失了更多的自我发展的可能。

无论多么平凡的小事，只要从头至尾做成功，便是大事。假如你踏踏实实地做好每一件事，那么绝不会浑浑噩噩地度过一生。我们都是平凡人，只要我们抱着一颗平常心，踏实肯干，有水滴石穿的耐力，那么我们获得成功的机会，肯定不比那些禀赋优异的人少到哪里去。

很多成功的人并非天才，他们资质平平，却能把平平的资质，发展成为超乎平常的事业。这其中没有什么秘诀，有的只是踏踏实实、勤勤恳恳。

人们都对巴菲特少年时代的创业经历津津乐道。当从初中生变成高中生时，巴菲特就攒下足够买下内布拉斯加州华顿西北的一家农场的钱，这是一个未曾耕种过的农场，占地面积为 40 英亩，售价是 1200 美元。几年前，他的父亲就买下了这个农场。巴菲特用现金从他父亲手中买下了农场，然后把它租给了土地租用人。这个过程说起来轻巧，其中付出了多少努力和汗水，只有巴菲特自己才说得清楚。

高中开学第一天,班主任老师给全班同学开会,大家轮流自我介绍一下。轮到巴菲特。他不慌不忙地站起来:"我是来自内布拉斯加州的巴菲特,在奥马哈附近拥有一家农场。"全班一片哗然。人瘦得跟猴儿一样,脖子细得跟麻秆一样,运动鞋破得跟要饭的一样,见了人害羞得跟小姑娘一样。这家伙怎么可能是农场主呢?

尽管每个月挣的钱比老师还多,存的钱比大学毕业生工作了几年还多,但只有15岁的巴菲特,花起钱来却比谁都少。他鞋只穿那双破得都是洞的网球鞋,送报穿,上学穿,和同学打球穿。有时学校开会非得穿皮鞋,他也穿一双鞋底快磨穿的旧皮鞋,更让人受不了的是,他还穿颜色刺眼的黄袜子或者白袜子。

姐姐多丽丝比巴菲特大2岁,长得很漂亮,从偏僻的中部农业地区来到繁华的首都华盛顿,打扮得更时髦,曾受邀参加法国大使馆专门为杜鲁门总统的宝贝女儿举办的生日庆祝晚会,被列入"社交名媛新秀"前十名,在学校里是有名的班花加校花。她从校园中走过,回头率很高。

但校花多丽丝最害怕的是,在学校碰见弟弟巴菲特。邋遢的弟弟让她很丢脸,每次都像小美女碰见了小流浪汉,赶紧转过脸去,假装没看见,快步走开。

在学校里,巴菲特既不是一个态度冷漠的人,也不令人讨厌,只是一个独来独往者,有点儿不太合群。"在班里我不是最受欢迎的人,但也不是最不受欢迎的人。我只是一个无足轻重的人。"

巴菲特曾写信给格雷斯卡特小姐，她也是威尔逊中学的一位老师。在信中他写道："尽管我还很清楚地记得在威尔逊中学读书的那些日子，但是，坦诚地说，当时我并不是个遵守纪律、行为检点的好学生。如果你也将经历这个叛逆性阶段的话，我认为早点儿把它从你的生活中消除掉不失为一个好主意。顺便提一句，从你的地址上，我留意到你就住在距西切斯特公寓大楼仅几个街区的地方，那曾经是我通过投递报纸开始我金融生涯的地方……"

在格雷斯卡特小姐漫长的教学生涯中，巴菲特这种当时普通、过后发光的学生并不鲜见。格雷斯卡特小姐反思说："在我多年来的教学实践中，发现有许多在校时资质平凡的学生，他们的成绩大多在中等或中等偏下，没有特殊的天分，有的只是安分守己的诚实性格。这些孩子走上社会参加工作，不爱出风头，默默地奉献。他们平凡无奇，毕业后，老师和同学都不太记得他们的名字和长相。但毕业后几年、十几年后，他们却带着成功的事业回来看老师，而那些原本看来会有美好前程的孩子，却一事无成。这是怎么回事？我常与同事一起琢磨，认为成功与在校成绩并没有什么必然的联系，但与踏实的性格密切相关。平凡的人比较务实，比较自律，所以许多机会落在这种人身上。平凡的人如果加上勤能补拙的特质，成功之门必定会向他大方地敞开。"

一个人如果有了脚踏实地的习惯，具有不断学习的主动性，并积极为一技之长下功夫，成功就会变得容易起来。一个肯不断扩充自己能力的人，总有一颗热忱的心，他们甘于做凡人小事，肯干肯学，多方向人求教；他们出头较晚，却在各种不同职位上增长了见识，扩充了能力，学到许多不同的知识。

脚踏实地的人，能够控制自己心中的激情，避免设定高不可攀、不切合实际的目标，也不会凭借侥幸去瞎碰，而是认认真真地走好每一步，踏踏实实地用好每一分钟，甘于从基础工作做起，在平凡中孕育和成就梦想。在职场中拼搏的人要记住，只有埋头苦干的人，才能显出真正的聪明，才能成就一番事业。不积跬步，无以至千里；不积小流，无以成江海。凡成就一份功业，都需要付出坚强的心力和耐性，你想坐收渔利，那只能是白日做梦。你想凭侥幸、靠运气夺取丰硕的果实，运气永远不会光顾你。

一般来说，只有扼制住浮躁的心态，专心做事，才能达到自己的目标。巴菲特就是这样的人，他成年后的投资生涯更为此做了生动注解。

作为世界迄今为止最为成功的投资大师，巴菲特不仅继承了他授业恩师格雷厄姆先生的价值投资思想，而且又将费舍的投资理念融会贯通，使其在投资领域所向披靡。

在巴菲特的投资历史上，他一直坚持着不断阅读资料和自己的想法，这种阅读习惯与独立思考的思维方式一直是他投资理念的核心。综观巴菲特迄今为止的投资历程，每笔投资案例无不渗透着其大量让人拍案叫绝的灵机一动，这都是巴菲特独立思考的结果，而善于阅读，勤于思考也成为其取得举世瞩目的成就的一项重要特质。

与之形成鲜明对比的是,现在市场上大部分人的盲目跟从,在股市追涨杀跌,在楼市跟风哄抬,到处都充斥着浮躁、贪婪的心理,大多缺乏对信息的耐心解读与独立思考,结果总是为这样的盲目草率而懊恼不已,这也许就是成大事者与市井小民的最大差别吧!

投资市场上,信息至关重要。然而各利益机构总是散布各种消息,甚至是谣言,以迷惑投资者,如果你忽视这些信息,那无异于豪赌,当然轻信这些信息,也就注定你会成为这场游戏的输家。如何正确解读这些信息,运用自己独立思考的能力,探究其背后的本质,这才能为你的成功争取更大的胜算概率。这就要求你必须能够认真细致阅读海量市场信息,并拥有自己独立思考的一套逻辑。

巴菲特一再强调,投资者如果真的想要进行投资,就应该学会耐心等待,以静制动。每天在股市中抢买抢卖绝非聪明的方法。要想投资成功,就必须对企业具有良好的判断力,进行独立思考,不要使自己受到"市场先生"的影响。

在投资上,我们应以充分的理性来对待,在生活上又何尝不是如此?不要轻易对某事物下定论,通过对其相关的信息进行大量搜集、阅读,然后运用自己的逻辑来评判,这就是大师的投资与生活哲学。

在与霍华德长谈时,巴菲特再三告诫他,要成为一个成功的人,就应该记住:你可以着急,但切不可浮躁。成功之路,艰辛漫长而又曲折,只有稳步前进才能坚持到终点,赢得成功;如果一开始就浮躁，那么，你最多只能走到一半的路程，然后就会累倒在地。事情往往就是这样，你越着急，就越不会成功。因为着急会使你失去清醒的头脑，结果在你奋斗过程中，浮躁占据着你的思维，使你不能正确地制定方针、策略以稳步前进。当你克服了浮躁，才会吃得成功路上的苦，才会有耐心与毅力一步一个脚印地向前迈进，才不会因各种诱惑而迷失方向，盲目地让自己奔向一个超出自己能力范围的目标，而是踏踏实实地去做自己能做的事情，直至成功。

>>> 编者手记 <<<

  有许多人刚步入职场，就梦想明天当上总经理；刚创业，就期待自己能像沃伦·巴菲特一样成为富人中的翘楚。要他们从基层做起，他们会觉得很丢面子，甚至认为这简直是大材小用。尽管他们有远大的理想，但缺乏专业的知识和丰富的经验，缺乏脚踏实地的工作态度。脚踏实地是职场人士必备的素质，也是实现梦想、成就一番事业的关键因素，自以为是、自高自大是脚踏实地工作的最大敌人。你若时时把自己看得高人一等，处处表现得比别人聪明，那么你就会不屑于做小事、做基础的事。

  因此，每个职场中人要想实现自己的梦想，就必须调整好自己的心态，不要总想着占小便宜，耍小聪明，而要从一点一滴的小事做起，在最基础的工作中，不断地提高自己的能力，为自己的职业生涯积累雄厚的实力。

※忠告 8　眼睛总看着天的人一无所成

"从小事做起吧，年轻人，不要成为'怀才不遇'式的悲剧人物。"

每个人的工作都是从小而简单的事做起的，而这些小事就好比砖，一个人的事业之路，就是靠这些砖一块一块地铺就的。巴菲特是今日的金融巨头，可是谁能想到，他宏大事业的起点并非担当某个公司的经理，而是普普通通的送报小童。

在1943年7月，巴菲特家搬到了华盛顿哥伦比亚特区靠近马萨诸塞大街的49号大街4211号的春谷。搬到春谷后，巴菲特给自己找了一份送报的活儿，范围在家的附近。"第一年，房子都隔得太远，我不是特别喜欢这样。你每天都得送，包括圣诞节。在圣诞节早上，全家都必须等到我送完报纸。当我生病的时候，我母亲就帮我送，但钱还是归我。我房间里有很多罐子，里面都是50美分和25美分的钱币。"之后，他又增加了一条下午的送报路线。

他每天早晚送两次报纸，一天只工作2小时左右，一个月就能赚175美元，收入比他的中学老师月工资还要高。1946年，一个美国成年人，一年能赚3000美元，就属于高收入阶层了。

巴菲特一度每天要走5条路线递送500份报纸，主要是投送给公寓大楼内的住户,《奥马哈世界先驱者报》的罗伯特·杜尔说。

把春谷区的两条投递《华盛顿邮报》的路线和两条投递《时代先驱者报》的路线结合起来,这个年轻的报童后来又增加了西切斯特公寓大楼的投递工作。

通常巴菲特下午5:20出发,坐上开往马萨诸塞大街的公共汽车。有几次,巴菲特病了,他的母亲不得不代替他去送报纸。"取报纸、送报纸对他来讲真是太重要了。任何人都不敢碰他放钱的抽屉,一个硬币都不能动他的。"他的母亲说。

"为了能够更好地利用时间从顾客那里收费,他发明了一个行之有效的出售杂志订阅的方案。他从被丢弃的杂志中撕下带有产品有效期的不干胶贴纸,把它们归类,然后在适当的时间请顾客从中选择要续订的刊物。"杜尔在1966年3月29日的新闻故事中这样写道。

过了一年,13岁的巴菲特个子长高了,人更结实了,送报更熟练了,早上送邮报的这个社区,订户不是很多,可以轻松搞定。于是,他想方设法又要到了威斯彻特社区。这可是华盛顿的著名大型高档社区,里面住了很多名人,有六位国会参议员,还有陆军上将和最高法院法官。

原来这个区的邮报只让大人送,不让小孩送。巴菲特为什么能取得这样的特权呢?第一个秘诀是主动争取。不要以为只要干好本职工作就行了,那只能保证不被降职。要升职,你得主动争取、争取再争取。

升职后往往会遇见新问题，巴菲特升职第一天就出了大问题。

那是一个星期天，巴菲特4点就起床了，拿好公交月票卡，早饭也没吃，赶紧迷迷糊糊上了公交车。4点半来到社区门口。一会儿车来了，卸下好多捆报纸，上面有编号，可他根本不懂是什么意思，也没人教他。他们只给了他一个本子，上面是订户姓名和地址，就走了。巴菲特忙活了几个小时，把报纸分好叠好再捆好。最后一数，不够，原来有人路过顺手拿走几份，他太忙了根本没注意。

第一次送，路线也不熟，走了很多冤枉路，从早上4点一直忙到上午11点，整整忙了7个小时才送完。这可不像送报老手，完全像菜鸟。

但是过去一年报不是白送的，巴菲特很快熟悉了新的地盘，逐步摸索出一条高效送报路线。他把报纸分为两半，一半放在最高的8楼，另一半放在中间的4楼。然后从8楼开始一层一层往下挨家挨户送报纸。这十分类似于现代制造企业使用的循环取货模式。

暑假他要回老家奥巴哈，就找好朋友沃尔特替他。巴菲特先带他试试。沃尔特一看几百份报纸堆得像小山一样，吓坏了，这怎么送得完啊？巴菲特说："哥们儿，别慌，看我的。"然后带着他开始沿着自己独创的高效路线送报，结果只用一小时一刻钟就全部送完了。

到这个时候，沃伦认为自己已经是一个熟练的送报工了，不过他还要应对一个复杂的逻辑挑战。威彻斯特包括5幢建筑，面积达27.5英亩。5幢建筑中有4幢相邻,有1幢独立成户。送报区域包括2栋以上公寓楼,要穿过教堂大街,还有马林大街和沃里克大街。同时,沃伦还要把报送到威斯康星大街那边的一小片独家住宅。

他穿上网球鞋,掏出公车通票,每天花3美分,睡眼惺忪地坐上华盛顿运输公司的公车,连早饭也没吃。

每天清晨,沃伦跑出门,搭上首班N2路公车,前往教学大街3900号的威彻斯特。他的公车通票号码经常是001号(每周第一个买通票的人)。如果他晚了一点点,司机都会习惯性地找找他。他会跳下车,跑过几个街区,到威彻斯特。

沃伦找到了最有效率的送报路线,把本属无聊的重复性工作(每天递送几百份报纸)变成自己和自己的竞赛。

挨家挨户送报纸本是一项十分无聊的重复性工作,巴菲特却能从无聊中找到乐趣。每天一大早,他站在楼道的一头,从一大摞报纸中抽出一份,对折一下,然后一卷,在大腿上拍扁,手腕往后一勾,朝着订户的门口一扔,报纸像飞镖一样,从远到近,一个个准确地落到门前。小巴菲特最远能扔20米,但关键不是扔多远,而是扔多准,要正好扔到人家门口一两尺远的地方。有些人家门口放着刚送来的牛奶瓶,要扔得够近,又不能碰倒牛奶瓶,这可是个相当有难度的技术活,得练习很多次才能熟练。

巴菲特送了3年报,已经攒了2000多美元。当时黄金每盎司35美元,以2009年11月初1110美元的金价推算,1945年秋天,巴菲特攒的 2000 美元相当于现在的 6 万多美元，相当于人民币 40 多万元。

即使未来不从事金融行业，仅仅做一名报童，巴菲特也绝对不会成为平庸的人物。他踏实勤谨，并没有因为从事一份不起眼的工作而懈怠，从而取得了骄人的成绩。

我们时常对眼前的工作不满意，找出一大堆理由，诸如工作内容太简单、大材小用、不受领导重视等，却很少从自身找原因，问一问自己是否尽心尽力，有没有把这份"简单"的工作做好？有没有把当前工作做到最基本的水准？

想要做好当前这份"小而简单"的工作就需要有打持久战的心理准备。现在，很多即将走上工作岗位的人对未来充满幻想，在工作伊始，他们一般都会充满热情，努力、认真、勤快、好学。但是，工作一两年以后，就会失去激情与干劲，变得萎靡不振。由于他们缺乏激励，如重用、加薪等，许多人失去了热情，开始敷衍起自己的工作来。

但是，大凡世界上能做大事的人，都能把小事做细、做好。做好了每件小事，逐渐积累，就会发生质变，小事就会变成大事。任何一件小事，只要你把它做规范了、做到位了、做透了，你就会从中发现机会，找到规律，从而成就做大事的基本功。

一位 MBA 毕业生到伯克希尔公司下属银行任职，人事部门把他安排到营业网点当柜员，做储蓄工作。一个月后，他找到经理说，他到银行来不是干这种简单的琐事的，他应该担当更重要的工作。经理便把他安排到了国际信贷部，但很快信贷部的负责人和同事们对他的工作能力都非常不满。他还自认为很能干，总是抱怨公司不好，领导者不给他机会，同事嫉妒他。其实，大家都认为他是个大事干不了、小事不想干的讨厌家伙。

每个新职员都会被告诫应该做好当前的基本工作，但能意识到这一点并真正做得好的人并不多。

巴菲特在一所大学进行演讲时说，每年都有一些大学毕业生加入伯克希尔公司，而往往他们都没有耐心熟悉公司的基本业务，却总想着管理的问题，好像都是来等着当经理似的。这听起来可笑，可确实在生活中发生。许多想一步登天的高学历毕业生眼高手低，只想做"大事"，不愿做"小事"，又不知道自己的能力在哪里，结果是大事做不了，简单的小事也做不好。

巴菲特曾告诫孩子们，只要一心一意地做事，世间就没有做不好的事，他对学子们也表达了近似的思想。巴菲特所讲的事，有大事，也有小事，所谓大事小事，只是相对而言。很多时候，小事不一定就真的小，大事不一定就真的大，关键在做事者的认知能力。那些一心想做大事的人，常常对小事嗤之以鼻，不屑一顾。其实连小事都做不好的人，大事是很难成功的。有位智者曾说过这样一段话："不会做小事的人，很难相信他会做成什么大事。做大事的成就感和自信心就是由小事的成就感积累起来的。可惜的是，我们平时往往忽视了它，让那些小事擦肩而过。"小事正可于细微处见精神。有做小事的精神，就能产生做大事的气魄。

人生价值真正的伟大在于平凡，真正的崇高在于普通，最平凡、最普通却又最伟大、最崇高。从普通中显示特殊，从平凡中显示伟大，这才是做人做事之道。

>>> 编者手记 <<<

工作本身没有贵贱之分。一切诚实合理的工作都值得我们敬重。任何人都不应贬低自己工作的价值，而应该充满热情、认真地对待它。如果你一味地应付工作，那你只能平庸一生，无所作为。

看看我们周围那些只知抱怨而不认真工作的人，他们从不懂得珍惜自己的工作机会。他们不懂得，丰厚的物质报酬是建立在认真工作的基础上的，他们更不懂得，即使薪水微薄，也可以充分利用工作的机会来提高自己的技能。他们在日复一日的抱怨中，任岁月流逝，一无所成。

※忠告9 稳中求生，稳中求胜

"一个有自制力的人，不会被人轻易打倒；能够控制自己的人，通常能够做好分内的工作，不管是多么大的挑战皆能予以克服。"

没有人能够一辈子都一帆风顺，任何人都会时不时地面临困境和失败，而沉着镇定的心态却能够帮助我们解决任何难题。遇事镇定的人，时时刻刻都能控制住自己的情绪，绝不会因为任务繁重而急于求成，也不会因为工作压力而浮躁不安。面对任务和压力，他们始终保持镇定，最大限度地利用自己能够利用的资源，日复一日、年复一年地执着拼搏。

遇到任何事情，只要保持从容镇定，即使是杂乱如缠在一起的丝线，最后也会理出头绪。巴菲特之所以能成为全美国人心中的华尔街英雄，主要是因为他心态奇佳，历经数次金融风暴不慌不乱，成为最后赢家。可以说，他的沉稳从容，无人能出其右。

股市大崩盘，对于投资人来说并不陌生，它指的就是现有的股民全部被套，没有新股民入场，当被套的股民开始只知道割肉卖股票，而不肯买股票时，就会造成恶性循环，持续下跌，最终造成股市关门，即崩盘。

崩盘即证券市场上由于某种原因，出现了证券大量抛出，导致证券市场价格无限度下跌，不知到什么程度才可以停止。这种大量抛出证券的现象也称为卖盘大量涌现。对于崩盘股市中都有其判断标准，比如，华尔街崩盘的判断标准就定义为单日或数日累计跌幅超过20%。股市大崩盘在世界上曾出现过几次，其中一次就是1929年纽约大崩盘，一个小时内，11个投机者自杀身亡。1929年10月24日，星期四。1929年大恐慌的第一天，也给人们烫上了关于股市崩盘的最深刻的烙印。那天，换手的股票达到1289460股，而且其中的许多股票售价之低，足以导致其持有人的希望和美梦破灭。

后来，1987年股市崩盘的恐慌再次来临。巴菲特和众多的投资者亲历了这次大恐慌。

1987年10月19日，又是一段美国股民的黑色记忆，这一天美国股市又一次大崩盘。股市开盘，久违了半个世纪的恐怖重现。仅3小时，道·琼斯工业股票平均指数下跌508.32点，跌幅达22.62%。这意味着持股者手中的股票一天之内即贬值了二成多，总计有5000亿美元消遁于无形，相当于美国全年国民生产总值的八分之一的财产瞬间蒸发了。随即，恐慌波及了美国以外的其他地区。10月19日当天，伦敦、东京、巴黎、法兰克福、多伦多、悉尼、惠灵顿等地的股市也纷纷告跌。

随后的一周内，恐慌加剧。10月20日，东京证券交易所股票跌幅达14.9%，创下东京证券下跌最高纪录。10月26日，香港恒生指数狂跌1126点，跌幅达33.5%，创香港股市跌幅历史最高纪录，将自1986年11月以来的全部收益统统吞没。与此相呼应，东京、悉尼、曼谷、新加坡、马尼拉的股市也纷纷下跌。于是亚洲股市崩溃的信息又回传欧美，导致欧美的股市下泻。

据统计，在从10月19日到26日8天内，因股市狂跌损失的财富达2万亿美元之多，是第二次世界大战中直接及间接损失总和3380亿美元的5.92倍。美林证券公司的经济学家瓦赫特尔因此将10月19、26日的股市暴跌称为"失控的大屠杀"。1987年10月股市暴跌，首先影响的还是那些富人。之前在9月15日《福布斯》杂志上公布的美国400名最富的人中，就有38人的名字从榜上抹去了。10月19日当天，当时世界头号首富萨姆·沃尔顿就损失了21亿美元，丢掉了首富的位置。更悲惨的是那些将自己一生积蓄投入股市的普通民众，他们本来期望借着股市的牛气，赚一些养老的钱，结果一天工夫一生的积蓄便在跌落的股价之中消失得无影无踪。

在这次股市崩盘的恐慌中，巴菲特是怎么应对的呢？从1987年8月以来，纽约股市即开始出现较大波动，尤其是10月的头两周股票价格不断下降，10月5—9日，道·琼斯指数就下跌了158.78点，接着第二周又下跌了235.48点，其中仅10月16日一天就下跌100多点。但还是有很多人对股市充满了信心，并且一如既往地涌向股票交易所。然而，巴菲特却感觉到这股热潮来得太迅猛，而且道·琼斯指数跌了近百点也没有阻止投资者的信心，于是他开始紧张起来。

巴菲特开始实施他的炒股铁律：当别人贪婪时，你要变得恐惧。在10月11日，道·琼斯指数下跌了仅158.78点时，巴菲特就果断卖掉了一大批股票。当时身边的很多人根本不明白这是为什么，巴菲特的助手大声呵斥道："命令很明确，把一切都卖掉。"

其实巴菲特在做这个决定时是经过仔细分析的。经过研究，他得出了一个结论：目前的大牛市是个危险区域，股价上涨的幅度超过了一些赢利公司发行债券的12%～13%的股票。这时市场上股票的价格下跌50%，他都不会觉得奇怪。所以，他决定卖掉股票。

事实证明，巴菲特的决策是正确的，在大恐慌面前再次验证了他作为投资大师敏锐的眼光。在这次股市大动荡中，巴菲特创下了赢利20%的神话。

他靠的是什么呢？靠的是稳健的做事风格和压力之下对原则的坚守。他有两条宝贵的投资规则：第一，永远不要接受损失；第二，永远不要忘记第一条。沉稳的个性让巴菲特在大牛市的时候，没有失去理性；而在熊市的时候，他又果断地清仓，从而避免了更大的损失。

重大成功的背后往往是巨大的失败风险，面临危机和困难时，我们最需要、首先也必须做到的便是沉着和冷静。一个临危不惧、镇定自若的人才能在危难面前不乱阵脚，充分运用他的理性在最短的时间内集中力量想出解决问题的最佳方案。而另一方面，沉着和冷静还能起到稳定人心的作用，让所有的人都能安心地渡过难关。

培养镇定从容的性情，是很多人一生的追求。但是很少有人能够像巴菲特那样，身处险境中，还能保持冷静思考、沉稳判断。彼得对父亲的冷静十分钦慕，他曾向父亲探问其中的秘诀。巴菲特告诉他，要培养镇定从容的气质，首先就要学会有意识地控制自己的情绪。任何时候都不要图一时之快发泄心中的喜怒，也不要将自己的情绪写在脸上，这样才能够慢慢把自己培养成一个遇事沉着镇定的人。

许多年轻人情绪易波动，自制力较差，往往在理智上也想自我锤炼，积极进取，但在感情和意志上控制不了自己。专家们认为，要成为一个自制力强的人，需做到以下几点：

1. 自我分析，明确目标。一是对自己进行分析，找出自己在哪些活动中、何种环境中自制力差，然后制定出培养自制力的目标步骤，有针对性地培养自己的自制力。二是对自己的欲望进行剖析，扬善去恶，抑制自己的某些不正当的欲望。

2. 提高动机水平。心理学的研究表明，一个人的认识水平和动机水平，会影响他的自制力。一个成就动机强烈，人生目标远大的人，会自觉抵制各种诱惑，摆脱消极情绪的影响。无论他考虑任何问题，都着眼于事业的进取和长远的目标，从而获得一种控制自己的动力。

3. 从日常生活小事做起。高尔基说："哪怕是对自己小小的克制，也会使人变得更加坚强。"人的自制力是在学习、生活及工作中的小事中培养、锻炼起来的。许多事情虽然微不足道，却影响一个人自制力的形成，如早上按时起床、严格遵守各种制度、按时完成工作计划或学习计划等，都可积小成大，锻炼自己的自制力。

4. 绝不让步迁就。培养自制力，要有毫不含糊的坚定和顽强。不论什么东西和事情，只要意识到它不对或不好，就要坚决克制，绝不让步和迁就。另外，对已经做出的决定，要坚定不移地付诸实践，绝不轻易改变和放弃。如果半途而废，就会严重地削弱自己的自制力。

5. 经常进行自警。当工作忍不住想走神时，马上警告自己管住自己；当遇到困难想退缩时，不妨马上警告自己别懦弱。这样往往会唤起自尊，战胜怯懦，成功地控制自己。

6. 进行自我暗示和激励。自制力在很大程度上就表现在自我暗示和激励等意念控制上。意念控制的方法有：在你从事紧张的活动之前，反复默念一些建立信心、给人以力量的话，或随身携带座右铭，时时提醒激励自己；在面临困境或身临危险时，利用口头命令，如"要沉着、冷静"，以组织自身的心理活动，获得精神力量。

7. 进行松弛训练。研究表明，失去自我控制或自制力减弱，往往发生在紧张心理状态中。若此时进行些放松活动、按摩等，则可以提高自控水平。因为放松活动可以有意识地控制心跳加快、呼吸急促、肌肉紧张等过程，获得生理反馈信息，从而控制和调节自身的整个心理状态。

》》》编者手记《《《

人的一生中免不了会为一些小事心情郁闷，当有大的变故到来的时候更是六神无主，没有思路，不知如何是好。

这时候务必求稳，慌乱只会让你越来越烦躁，问题不仅得不到解决，还会把事情搞得一团糟。事情既然发生了，就不要怨天尤人，抱怨倒霉事总降临到自己头上——抱怨也只能让你的心情和别人的心情越来越不好。只有静下心来思考，在平稳的心态下寻求解决之道，情况才能好转。

巴菲特给儿女的财富忠告

第十三章　拒绝为不良消费习惯埋单

※忠告1　攀比是一种毒药

"物质上的攀比往往都是心理不平衡制造的种种压力和借口。"

众所周知，巴菲特特别喜欢钱。不过他对待金钱的态度很耐人寻味，他喜欢赚钱，却从不喜欢金钱的衍生品——攀比。一般人有钱后会用各种手段满足自己的虚荣心，别人买一只劳力士，我就买一只百达翡丽；别人买一辆奔驰，我就买一辆兰博基尼。巴菲特事业成功后原本有资本加入攀比的行列，可他依然开着旧车吃便宜的汉堡包。孩子们长大了，知道爱美、好面子，会向父亲要求买一些高级产品，巴菲特一般都会拒绝，他的理由就是攀比没有意义。

生活中，差别无处不在，人们在差别中情不自禁地产生了攀比心理。盲目的攀比和过度的虚荣却让人们习惯性地将自己与别人进行比较。如果与别人的差距不是很大，那么心理上或多或少会有那么一点儿平衡。如果与对方的差距较大，比如他收入比自己多，就会觉得他的收入可能不正当。有部分女性，见到长得比自己漂亮的同性，心里就会暗骂对方是"狐狸精"之类。某些人看到自己的同事或同学开着漂亮的车子，住着宽敞的房子，自己的生活水准甚至还不如人家生活水准的一半，心里就会感到很不平衡。这些都是心理失衡所致。

女儿苏茜很听父亲巴菲特的话，过着安分守己的平静生活。有一天，她接到一位小学同学的电话，通知她参加一场同学聚会。好几年未见，电话挂断以后，苏茜满心欢喜，带着重逢的喜悦赴会。昔日的老同学刚刚到了法定结婚年龄就结了婚，嫁给了一位硅谷新贵，有房有车，还一身的名牌，光彩照人。参加完聚会，苏茜好像变了一个人，整天唉声叹气。

"这家伙，考试老不及格，还总抄我作业，凭什么有那么多钱？"她对父亲抱怨。

"你的零花钱虽然无法和富婆相比，不也够花了吗？"巴菲特笑着安慰她说。

"够花？我的零花钱攒一辈子也买不起一条钻石项链。"苏茜急得跳了起来。她满心郁闷，父亲这么有钱，却对自己这么苛刻。巴菲特知道女儿的心思。他温和地告诉女儿，物质上的攀比往往都是心理不平衡制造的种种压力和借口。

人的需求是无止境的，当你满足了现在的需求后，就会产生新的需求，永远都没有终结，而虚荣心也会越来越膨胀，因此要学会自我控制。控制过度的欲望是非常重要的。在想要得到某样东西前，可以自问一下，自己是否需要它？它对自己真的有用吗？如果自己内心的答案是否定的话，就要控制自己的欲望。

生活是自己的，这个世界人与人生来是不一样的，所以肯定存在着比自己强的人。如果处处都想和别人比个高低，超出自己经济实力地去比，到头来不仅让自己背负一身债务，别人知道实情后也会瞧不起你。

我们努力工作，快乐生活，过属于自己那个层次的生活，这就是一种幸福。自己挣的钱能够满足基本的生活费用，自己想吃什么就可以买，想穿什么也可以买，这就是一种成功。如果生活挣钱的唯一目的沦为和他人比较，那样的生活就不是自己的生活，你只是别人生活中的一个玩偶罢了。

攀比会出现在生活中的方方面面，人们会为了财富、物质攀比，也会为了荣誉和赞扬攀比。这样做，无非为了满足虚荣心。

其实，每个人或多或少都有一点儿虚荣心，虚荣心与羞耻心只是一个尺度的问题。不想让人看到自己邋遢的样子，不想让人知道自己的才疏学浅；想让人称赞自己的拿手菜，想用滔滔雄辩来赢得别人的尊重……这些都是与羞耻、光荣、名誉联系在一起的小细节。柏格森曾经说过："虚荣心很难说是一种恶行，然而一切恶行都围绕着虚荣心而生，都不过是满足虚荣心的手段。"过于在意别人的看法，甚至单纯为赢得别人的赞誉而做事，就是虚荣了。

虚荣心理的表现是多方面的：对自己的能力有过高的估计，自命不凡；炫耀自己的特长和成绩，期待得到表扬；将父母或他人的荣耀也当成自己的，常说"我爸爸他们……"，不懂装懂，花钱摆阔气赶时髦，等等。

　　仔细分析，其实虚荣是自尊心过分的表现，是一种追求虚表的心理缺陷。一个虚荣心重的人，所追求的东西莫过于名不副实的荣誉，所畏惧的东西莫过于平凡甚至丑恶的内心的本质。荣誉和美德是一种无形的价值，它们不会因为别人的夸奖而变多，也不会因为无人知晓而贬值。刻意去追求荣誉，就像戴上了虚荣的枷锁，色彩华丽，却无比沉重。

　　虚荣会囚禁你的心灵，让你在做任何事情之前都要掂量自己能否得到称赞。为了维持自己的美好幻影，你的真心必须收敛，言语处处斟酌，最后只能不胜其苦，幻影破灭成灰。而那些因为虚假的名誉建立起来的友情、爱情，都会在你露出真相之时抽身离开。虚荣犹如不纯净的包装袋，里面夹杂的各种气体只会让你的美德变质。

　　那些因为虚荣而在攀比中郁郁寡欢的人，他们心灵的空间挤满了太多的负累，从而无法欣赏自己真正拥有的东西。

　　在我们的身边，有很多人羡慕他人的生活，羡慕别人有显赫的家庭，羡慕那些明星、名人，天天淹没在鲜花和掌声中，名利双收，以为世间苦痛皆与他们无缘。俗话说，人生失意无南北，宫殿里也有悲恸，瓦屋同样会有笑声。只是，平时生活中无论是别人展示的，还是我们关注的，总是风光、得意的一面。有位哲人说过，与他人比是懦夫的行为，与自己比是英雄。这句话乍一听不好理解，但细细品味，却有它的道理。所以，不要把生命浪费在和别人攀比上，应该跟自己的心灵赛跑。

其实我们对自己不苛求，我们又怎么知道别人一定比自己好？事实上，每个人都有令人羡慕的东西，也有自己缺憾的东西，没有一个人能拥有世界的全部，重要的在于自己的内心感觉。那些心态平和的人也许生活中物质的享受并不比任何人好，只是他能接受自己，觉得自己好而已。

所以，要懂得欣赏自己的生活，让自己活得随心所欲。你能改变什么让自己感到愉快，那就做一些改变，不过，如果改变了以后会让自己不愉快的话，那么不管有多少人改变，也不应该盲从去做。即使你已经知道改变以后会很好，但自己却无力改变的话，也不应该勉强去做，欣赏自己所拥有的一切，对那些让自己不满意的地方，尽量忽略。毕竟，我们有不同的肤色、不同的个性，就是为了让我们的生活多姿多彩。要接受自己所谓不完美的地方，没有必要勉强自己变得完美。

我们应该认识到攀比给自己带来的危害。虚荣心强的人，在思想上会不自觉地渗入自私、虚伪、欺诈等因素，这与谦虚谨慎、光明磊落、不图虚名等美德格格不入。虚荣的人为了表扬才去做好事，对表扬和成功沾沾自喜，甚至不惜弄虚作假。他们对自己的不足会想方设法遮掩，不喜欢也不善于取长补短。我们应该端正自己的价值观与人生观，正确理解权力、地位、荣誉的内涵和人格自尊的真实含义。年轻人往往处于自我意识觉醒的阶段，不少人对生活、前途、人生的态度很容易流于过分追求外在的浮华，讲排场、摆阔气、大吃大喝，更以为攀比是时髦的象征，这都为虚荣心的滋长提供了土壤，让人变得轻飘飘。只有着眼于现实，把自己的理想与社会结合起来，通过艰苦努力，克服前进道路上的困难和障碍，才有可能实现自己的远大理想和抱负。

那些总是抱怨自己不幸的人，不要用沉重的欲望迷惑自己，不要总是看到你还不曾拥有的东西，而要静下心来，放下心灵的负担，仔细品味你已拥有的一切。学会欣赏自己的每一次成功、每一份拥有，你就不难发现，自己竟会有那么多值得别人羡慕的地方，幸福之神已在向你频频招手。

其实，生活的定义很简单，只要开心就好，只要感觉对了就好。他可能比你富有，但未必有你健康；他可能比你温柔，但未必有你活泼；他可能比你节俭，但未必有你会赚钱……多想想自己的优点，别把目光总放在别人的身上。不懂得珍惜现在的生活，不懂得欣赏自己所拥有的人是可悲的。

≫ 编者手记 ≪

很多烦恼都是因自己觉得不如周围的人而徒生出来的。其实世上本无事，庸人自扰之。别人在他熟知的领域超过你，并不说明你技不如人，只能代表你不了解某一方面的知识，而在其他方面，你可能比他强，想明白了这些，也就没有心结了。

如果你还是想不开，不妨学会开导自己。人世间没有永远的赢家，也没有绝对的输家。例如自然界中，长青之树无花，艳丽之花无果。每个人都有自己的优点，学会俯视，常往下比一比，生活必定会充满欢乐。

※忠告2　辛苦得来的果实，不要一口气把它吃完

"如果你想知道我为什么能超过比尔·盖茨，我可以告诉你，是因为我花得少，这是对我节俭的一种奖赏。"

苏茜是个漂亮姑娘，而且保养得当，看起来很显年轻。要说缺点，就是她身材稍显肥胖。巴菲特认为身体苗条对健康有益，所以他跟女儿做了一笔"生意"：只要苏茜能够减重成功，她将获得一个月内购物免单的机会，而且一个月内购物不设上限，全部费用由老爸承担。但是一旦她的体重出现反弹，那么她必须把消费金额全部返还。

这个美丽的"生意"让苏茜动力十足，立刻开始了减肥计划。很快，苏茜得偿所愿收到了父亲送来的信用卡，另附留言："玩得开心点儿！"

拿到信用卡，苏茜开心极了，一个月的工夫就花掉了4.7万美元。这个数字让苏茜感到紧张了，她怕父亲看到这个可怕的账单改变主意。不过还好，父亲说话算话，帮她结掉了这张天价账单。

由于自己有言在先，巴菲特没有对女儿的行为说什么。不过在

朋友面前，他大发牢骚，并问道："如果你们的太太花掉这么多钱，你们会怎么想？"男士们当然认为苏茜做得过分。不过，巴菲特在向女士们问了同样的问题后，却得出了不同的答案，她们认为苏茜做得并无不妥——4.7万美元并不是一个很夸张的数字，苏茜还可以玩得更疯的！

巴菲特颇为无奈。他觉得钱都是辛苦赚来的，一口气花这么多实在是不应该。节俭，一直都是巴菲特的准则。巴菲特的节俭是出了名的，即使是世界上最有钱的人之一，他也一直坚持节俭的美德。现在很多人，尤其是年轻人，钱不多却不知节俭。

美国有位作者以"你知道你家每年的花费是多少吗"为题进行调查，结果是近62.4%的百万富翁回答知道，而非百万富翁只有35%知道。该作者又以"你每年的衣食住行支出是否都根据预算"为题进行调查，结果竟是惊人地相似：百万富翁中编预算的占2/3，而非百万富翁中编预算的只有1/3。进一步分析，不作预算的百万富翁大都用一种特殊的方式控制支出，亦即造成人为的相对经济窘境。

这正好反映了有钱人和普通人在对待钱财上的区别。有钱人养成了精打细算的习惯，对钱财好好规划，而不是乱花。他们省下手中的钱，然后用在更有意义的地方。节省一分钱，你就为自己增加了一分的资本。

节省一分钱，你就赚了一分钱。如果你对手中的财富不珍惜，到头来，你只会一无所有。

人是感性的，花钱更是冲动的。看到一件自己喜欢的上衣，就好像遇到了命中的他，欲罢不能。某部美剧里有一段情节，女主角凯丽被强盗抢了，她什么都不要，恳求强盗留下她脚上的爱鞋。但是生活不是电视，如果生活中你也像凯丽一样，对服饰如此痴迷，挣了一个月工资，就为买一双上千元的鞋，然后不吃不喝，甚至连房款也交不上，那就太悲哀了。钱财得来不易，要学会"省"下生活中不必要的开支。

每个人都希望自己能够过上好日子，想吃什么就吃什么，想买什么就买什么。人生短短几十年，谁也不想辛苦一辈子，到最后什么也没有享受到。年轻人是最懂得享受的一群人，花钱也是最不理智的：手里有钱，就一定要尽情享受；手里没钱，借钱也要潇洒。这个月的钱不够用，还有信用卡，还有父母。只要现在能过上好日子，管它以后会如何，更加不会顾及别人的想法。

我们已经看到了美国次贷危机所带来的负面影响，人们背负巨额债务没有办法偿还，很多企业遭遇破产，普通群众也开始为了继续生活下去而饱受折磨。

极尽奢侈的生活，也许是很多人梦想中的"好日子"，但是尽情享受几年之后，留下的是破产的惨败结局。不要以为有了高收入就可以尽情挥霍，不要以为今天尽情玩乐就会给自己留下没有遗憾的人生。当你开始为高额的债务发愁的时候，你就会为今天的奢侈生活而后悔了。

每一分钱都来之不易，要节俭生活，好日子也要当苦日子过。只有这样才能给自己积累一些财富，以备未来的不时之需。现在，很多年轻人觉得入不敷出的时候，就选择跳槽，寻找挣钱多的工作机会。总以为挣得多了，钱就够花了。但每次都纳闷找到了新工作，钱还是不够用，所以又换工作。其实，他们是没有找到自己没钱的真正原因，即不会花钱。

"由俭入奢易，由奢入俭难。"花钱花习惯了，一下子处处计划，学会攒钱，不是一件容易的事。但是习惯也是可以养成的，一开始可能会感觉不习惯，但只要养成攒钱的习惯，你的财富就会随之而来。把好日子当成苦日子过，经常告诉自己没有钱，这样就不会想着消费了。时间长了，自然会有一些积蓄。

一些人常常说，能花钱才能挣钱，所以他们不计后果地进行各种消费，喝一杯上百元的饮料，吃一顿花去半个月工资的大餐。他们却说这是一种生活体验，年轻就应该多见识见识。见识各种类型的消费是没有错，但是一旦这种消费养成习惯，你的生活也就没有保障了。

只要人活着，就要有开支来保证正常的生命存在。但是一些开支是可有可无的。打开你的衣柜，看一看是不是有很多衣服你买了之后就没穿过几次；打开冰箱，是不是许多天前出于冲动在超市买的东西又忘了吃，变质了要扔掉……仔细想想，你会发现，你天天在花很多冤枉钱。花钱的时候觉得东西不错，或是享受不错。但过后真正用上的又有多少呢？所以下次在购物之前，先问问自己：

这件东西我是真的需要吗？

买了它我会用多久？

它在我这里真的能实现价值吗？

这样多问几个问题，你就会省下许多不必要的开支。

谁说人只能想办法挣钱，省钱是妇女的事？会花钱，会省钱，正是一种理财的智慧。人一方面要不断地给自己的小金库注入活水，另一方面要在另一头防止进入小金库的水流走。这样才能真正让自己的小金库存得住"水"。

居家过日子，同样的钱，会买和不会买相差很多。这里就存在一个如何花钱的问题，你希望你的资金得到最大限度的利用吗？只有在恰当的时间买到适合的物品才算是钱花对了地方，只要学会花钱，把钱花在最需要的地方，你就会发现情况会大有不同。

要想把钱花在刀刃上，那么对家中需添置的物品就要做到心中有数，经常留意报纸的广告信息。比如，哪些商场开业酬宾，哪些商场歇业清仓，哪里在举办商品特卖会，哪些商家在搞让利、打折或促销等活动。掌握了这些商品信息，再有的放矢，会比平时购买实惠得多，如果你没有事先准备，想想你口袋中的钱，还能办那么多事吗？

要培养节俭的习惯，但同时也要注意绕开节俭的沼泽地。

"没有投资就没有回报"，"小处节省，大处浪费"，还有许多家喻户晓的谚语都反映了错误的节约不仅无益反而有害的常识。

有些人浪费了大量的时间，用错误的方法节省不该节省的东西。巴菲特的女儿苏茜的闺密自己开了一家花店，她制定了这样一条规矩，要她的员工不顾一切地节省包装绳，即使耗费大量的时间也在所不惜。她还要求尽量省电，而昏暗的店面让许多顾客望而止步。她不知道明亮的灯光其实是最好的广告。

不能以心智的发展和能力的提高为代价来拼命节约，因为这些都是你事业成功的资本和达到目标的动力，所以不要因此扼杀了你的创造力和"生产力"。要想方设法提高你的能力和水平，这将有助于你最大限度地挖掘你的潜力，使你身体健康，感受到无比的快乐。把钱花在最需要的地方，试一试，结果会不一样。

巴菲特曾经告诉女儿，一个人能否拿得出 10～15 美元参加一次宴会，这本身并不是什么问题，他可能为此花掉了 15 美元，但他也许通过与成就卓著的客人结交，获得了相当于 100 美元的鼓舞和灵感。那样的场合常常对一个追求财富的人有巨大的刺激作用，因为他可以结交到各种博学多闻、经验丰富的人。在自己力所能及的情况下，对任何有助于增进知识、开阔视野的事情进行投资都是明智的消费。

如果一个人要追求最大的成功、最完美的气质和最圆满的人生，那么他就会把这种消费当作一种最恰当的投资，他就不会为错误的节约观所困惑，也不会为错误的"奢侈观念"所束缚。

英国著名文学家罗斯金说："通常人们认为，'节俭'这两个字的含义应该是'省钱的方法'；其实不对，节俭应该解释为'用钱的方法'。也就是说，我们应该怎样去购置必要的家具，怎样把钱花在最恰当的用途上，怎样安排在衣、食、住、行以及教育和娱乐等方面的花费。总而言之，我们应该把钱用得最为恰当、最为有效,这才是真正的节俭。"

如果下一次你又感觉自己生活拮据的时候,不要再嫌自己挣得少了,先来看看自己的花钱习惯。一种坏的花钱习惯,决定你一生都不可能成为富人。或许有的人会说:"我以后找伴侣的时候找个有钱的靠山不就好了吗?"其实,花钱就像流水,只要你还这样不计后果,没有规划地花钱,即便是金山银山也会在瞬间消失。人们说的"挣钱不容易,花钱如流水"就是这个意思。

>>> 编者手记 <<<

节约,是一种生产力。有了节约,少了浪费,自然就省出相当一部分资源、能源,这实际上也就是在创造价值。反之,如果只注重生产、发展,而忽视了节俭,尽管产出很高,但开支、浪费也大,那社会财富又怎么能积累起来呢?在今天竞争如此激烈的商业社会里,就算在很小的地方节省,积少成多,最后节省出来的东西也是可观的,甚至可能造成赢利和亏本的区别。

法国作家大仲马曾精辟地说:"节约是穷人的财富,富人的智慧。节约是世上大小所有财富的真正起始点。"

※忠告3 别混淆了"需要"和"想要"的关系

"习惯的力量是非常惊人的,在习惯面前,理性往往不堪一击。"

巴菲特女儿苏茜换工作了，要搬家到哥伦比亚特区去。在整理屋子时，她居然找出了9个基本没用过的漂亮包包和12双只穿过两三次有的商标还在的鞋子。这些东西"重见天日"的时候苏茜自己都很惊讶，她都不记得自己是何时何地买了这些东西，更别提想起要用它们了。其实这些东西大多是苏茜一时冲动买下的，有时是经不住店员甜言蜜语的劝说，有时是受不了商家打折的诱惑，还有时是自己看走了眼……不管是什么原因，反正是买回来后就发现这些物品没有什么用武之地，所以只好将它们打入"冷宫"，然后渐渐遗忘了。不过这些东西"重见天日"似乎也不是什么好事情，因为这些用不到又占地方的东西在搬家时也只有被抛弃的份儿。虽然苏茜心里也确实觉得可惜，不过为了减少搬家的负担和节约空间，也只好如此了。

一个可爱的布娃娃、一串好看的风铃都能让你忘记一切，不管自己是否真的需要，不管家里急不急用，只要自己看着喜欢就一股脑搬回家。时间长了，这些不必要的开支就很容易造成自己的、家庭的"财政危机"。苏茜虽然有个巨富父亲，但是父亲从来不在花钱方面宠惯他们，她也会为这种财政危机犯愁。她后悔没有听从父亲的劝告，养成理智购物的习惯。

其实不光是女人，即便在购物方面比较稳重的男人也常有花钱糊涂的时候。有时候，你觉得自己很节俭，舍不得买贵重的衣服、饰品，舍不得看一场电影、吃一顿西餐。除去一些进进出出的开支如一日三餐、交通、手机费用、娱乐等比较固定的费用外，好像没添什么大件。可是到了月底,你的钱还是不知道花到哪里去了,因为这个月的花费不仅大大超出预算,而且思前想后还不知道钱花到哪里去了。可以说钱就在你稀里糊涂的时候没有了,而伴随着远去的似乎不止这些:你想为旅行存一笔钱,可是这钱总是被你挪作他用;你想报个班给自己充充电,然而高昂的培训费让你望而却步——总之,你会觉得似乎你规划的理想生活离你越来越远。而这并不是因为你挣得少了,也不是你铺张浪费买了多么奢侈的东西,一切只源于你的糊涂。

也许你应该想想你的钱都是怎么花出去的,考虑一下花出去的这些钱究竟值得不值得,哪些消费是华而不实可以避免的,哪些消费是你必不可少的……在花钱之前,你一定要清醒,这样消费是不是值得。千万不能在一时的疏忽下,把收入都花在和朋友吃饭喝酒、玩游戏、换手机等上面。

巴菲特曾经告诉孩子们,在购物时,要想清楚自己究竟是需要这个东西,还是仅仅"想要",如果只是"想要"而非"需要",还是放弃为好。购买欲一旦不加以控制形成习惯,后果是很可怕的。

那么,如何才能控制自己的购买欲呢?

1. 业余时间尽量少逛街,多读书、看报、学习专业技能,这样既可以起到节流的作用,也能为开源做好准备。

2. 如果需要上街买东西,在逛街之前先在脑子里盘算一下急需购买的东西,用笔记下来,然后只买计划好的东西。

3. 尽量缩短逛街时间,因为在街上、在商场里逛的时间越长,越容易引起购买物品的欲望，最好速战速决，买到急需的物品后，立即打道回府。

4. 逛街时最好找个人陪同，特别是购买衣服时，不要听售货员夸你几句漂亮、身材好之类的话就晕头转向，立即掏腰包买了不合适的衣服。要多听听同伴的意见，当然自己也要有主见，不要一时耳根软，否则，买回家后只能压箱底，造成不必要的浪费。

5. 意志比较薄弱的人不要陪同朋友购物，因为这种人在陪购时，往往经不住商品的诱惑，朋友没动心，自己反倒购回一堆不需要的东西。

6. 对打折的物品或大甩卖、大减价的商品，购买之前一定要三思，不要因为价钱便宜就头脑发热盲目抢购。因为这些物品往往样式过时或在质量上存在一些问题，买回后使用寿命不长，反而得不偿失。

7. 心情不好的时候也千万不要上街购物。以发泄的心态购物，待情绪稳定以后，一定会追悔莫及。

8. 喜欢上某物品，先不要着急购买，克制一下迫切需要的心态。冷静几天后，如果还是想买，热情丝毫未减，这时再作购买的打算也不迟。

每一个节日都是商家不会放过的宣传良机。为了吸引更多顾客的光顾，商家总是拉出诸多折扣或者返券的横幅，或者策划出各种营销活动，打出甜蜜诱人的广告，等着消费者上门。而在这种时候，消费者一定要理性地控制自己的购物欲，不要中了商家的

"圈套"。

我们都不是富翁，购物更要精打细算。在购买商品时，要把握六点原则：

一、不要只求价廉。工薪阶层由于收入有限，购物时很注意货比三家，选价格最便宜的。这本来是合情合理的，但现在有一些商家故意误导消费者，把一些低档的甚至已经过时的商品搞一个"特别推出"，如果不懂商品性能而仅仅以价格决定取舍，很容易上当受骗。

二、不要求"洋"。我国某些产品确实不如外国产的，但并非所有的产品都如此。比如电器，我国有不少名牌电器早已远销国外，如果一味舍"中"求"洋"，很容易花冤枉钱。

三、不要求"全"。许多消费者在购买商品时爱选那些功能全的，以为全功能的就是质量好的，这是一个误区。须知，商品是越"全"越贵，而"全"并不代表"精"。如果你买一台电视，只要画面清晰，音色好就已足够，就没必要把带有"画中画"功能的电视买回家，因为你没什么机会用得上。

四、不要求"大"。有些消费者不考虑自己的住房面积和经济能力，买商品一味求大，结果是花大价钱买回的"庞然大物"无法安置，这又何苦呢？

五、不要求"美"。商品是买来用的，不是买来看的，如果只看外表而不注重其性能，很容易买到徒有其表的"绣花枕头"。

六、不要求"新"。任何商品刚上市时都有两个特点：一是价格贵；二是性能不完善。如果为抢"新"而买，新品很容易被淘汰，应该先等一等，购买第二代产品才合算。

做到了以上几点，基本上能保证买回来的是"需要"的东西，而非"想要"的东西。

在家庭理财方面，养成良好的理财习惯很重要。可以用一个记账本来记账，这样做能避免糊涂用钱，让你明白自己的钱到底用在了什么地方。记账方法很简单，记下生活中的每一笔开支即可。

记账首先要选择好记账方法，正规的财务报表，很多人都会觉得头痛，其实只要肯花时间，从每天的记账开始，把自己的财务状况数字化、表格化，不仅可以轻松获知财务状况，更可以替未来做好规划。一般人最常采用的记账方式是流水账，按照时间、花费、项目逐一登记。若采用科学的方式，除了须忠实记录每一笔消费外，更要记录采取何种付款方式，如刷卡、付现或是借贷。最后，要收集整理好各种花费小票，最好在平时养成索取发票的习惯。在平日收集的发票上，清楚记下消费时间、金额、品名等项目。然后放在固定地点，按照消费的性质分成衣、食、住、行、育、乐六大类，方便以后统计。

记账贵在坚持，要清楚记录钱的来去。不过对于很多上班族来说，坚持记账总是有点困难，没几天就会厌烦，懒得坚持。不过现在又出现了新的方式，比较适合年轻人和懒人：那就是网上记账。专门的网站也应运而生，甚至还催生出一个网络新标签——账客。在比较成熟的记账网站，输入数据后不仅能对相关数据进行统计，还能对具体收入支出项目生成图表，一目了然，相当方便。如果有条件经常上网，也不妨采用这种方式。

每到月底的时候，翻一翻记账本，看看自己的资金流向，找找其中哪些花费可以"瘦身"，这对培养健康的理财习惯是很有意义的。

»» 编者手记 «««

不乱花钱，是个人投资的第一步。很多人都认为投资得有一大笔钱才能开始，总存有手头上的钱暂不宽裕的心理。他们认为投资一次性至少也得万八千，否则就没什么意义。但是富翁的钱也是从一元钱攒起来的，财务自由不是一天就可以实现的。

你现在节约下来的每一元钱，都是筑造财富大楼的一块基石。攒钱如此，花钱也如此，花20元钱和40元钱也许一次看不出什么区别，但时间长了，所产生的差异却很悬殊。

第十四章　别依靠预支来生活

※忠告4　依赖信用卡是种病

"年轻人要远离信用卡。"

信用卡的出现，给很多人的消费生活带来了方便和乐趣，但是，当今社会上的"卡奴"与"房奴""车奴"同样流行。这不能埋怨信用卡，只能怪持卡人急功近利。我们必须清醒地认识到，信用卡只是一个工具，千万不要对对账单置之不理，每次都应准时还账。

信用卡，顾名思义，就是记载你信用的卡片。你有良好的信用记录，银行才愿意核发信用卡供你使用，而消费状况和还款记录都是银行评估信用的重要参考。个人的消费状况和还款记录，是银行评估消费者信用等级的依据，若信用记录良好的话，未来向银行办理其他手续时，将会享有更好的待遇或者优惠条件。

信用卡如此受欢迎，巴菲特却不赞成孩子们使用信用卡。女儿苏茜看到身边女友都申请了，决定也申请一张。巴菲特劝告他，信用卡的年利率高达18%～20%，不留心使用会使她破产。巴菲特在奥马哈出席某个女童子军的活动时也提到了这一观点。他认为，年轻人要想实现财务独立，就要远离信用卡。

不可否认，信用卡在生活中越来越重要，我们虽然不能做到如巴菲特那般态度坚定地拒绝，起码要认真对待。而且信用卡与个人信用挂钩，所以你的信用有多重要，你就应该把信用卡看得有多重要。

首先，要妥善保管好银行卡。

银行卡应与身份证件分开存放，因为如果银行卡连同身份证一起丢失的话，冒领人凭卡和身份证便可到银行办理查询密码、转账等业务，所以卡、证分开保管会更好地保证存款安全。另外，银行卡是依靠磁性来存储数据的，存放时要注意远离电视机、收音机等磁场以及避免高温辐射；随身携带时，应和手机等有磁物品分开放置，携带多张银行卡时应放入有间隔层的钱包，以免数据被损害，影响在机器上的使用。

其次，刷卡消费以后应保存好消费的对账单。

一些人接到发卡银行寄来的对账单，发现有好几笔消费都不是自己花的，惊疑之余，打电话到银行去查询。银行要求查看当初的客户留存联，但他们早就丢掉了，由于没有证据，他们只好付款了事。

这样的例子时有耳闻，现在有些不法商人会模仿客户的笔迹，向发卡银行申请款项。在签完信用卡后，收银台通常会给客户一份留存联，但有些人当场就把它丢掉，不做记录，也不留下来核对账目。其实这种做法相当危险，最好准备一个本子记录信用卡的消费日期、地点及金额，买什么物品或用途等，另将留存联贴在记录簿上，每月收到对账单后，核对无误才将留存联丢掉。有些款项的对账单未到，要等下个月再核对，但一定要留存证据才不会付不该付的钱。此外，保存信用卡付费记录，还可令你在将来也能对曾买过的东西一目了然。

除了在日常生活中注意用卡安全外，在网上用卡也要多留心。选择较知名、信誉好、已经运营比较长的时间且与知名金融机构合作的网站，了解交易过程的资料是否有安全加密机制。向你熟悉的或知名的厂商购物，避免因不了解厂商，而被盗用银行卡卡号或其他个人资料。若用信用卡付款，可先向发卡银行查询是否提供盗用免责的保障。注意保留网上消费的记录，以备查询，一旦发现有不明的支出记录，应立即联络发卡银行。

巴菲特的女儿苏茜使用信用卡后，觉得这实在是太方便了，于是学着朋友的样子又办了几张。出门逛街现金不够，没关系，有信用卡呢！如果连卡上的钱也不够呢？更不怕了，不是可以透支吗？

信用卡用起来真的很方便。不过花钱方便了，无声无息钱就没了。对有些人而言，似乎只有花现金的时候才是花自己的钱。对这样的消费者来说，信用卡会变成吃钱的老虎，不及时醒悟，后患无穷。苏茜的朋友深深为信用卡着迷，办理了很多卡，拆东墙补西墙，拖欠了卡账，苦不堪言。苏茜看到这种情况，想起父亲巴菲特的教诲,但是彻底不用信用卡又舍不得——信用卡带来的方便是其他支付方式无法比拟的。苏茜决定只保留一张信用卡,平时尽量使用现金。

这种给银行卡"瘦身"的行为是非常明智的。首先,持有不同银行的银行卡容易造成个人资金的分散。其次,需要对账、换卡和挂失时,更是要奔波于不同的银行,无端地浪费了大量的时间和精力。最后,你持有太多的卡,白白被扣了年费不算,还增加了自己过度消费及遗失的风险。

但另一方面,尤其是传出了各大商业银行对借记卡收费的消息后,不少人又争先恐后地退掉一切收费的卡。有人说:"现在银行多的是,谁收费就退掉谁家的卡,谁不收费就去谁家办卡!"为避免多交年费,将银行卡进行适当清理是必要的,但选择银行卡不能只看是否收取年费,而应根据情况综合衡量后再做决定。

那么,到底该如何整合自己的银行卡资源?保留多少张卡是合适的呢?

1. 让功能与需求对位

在你整合你的银行卡之前,你必须先弄清楚你现有的银行卡都有什么特别之处。其中哪些功能对你是必要的,哪些是可有可无的。哪些是可以替代的,哪些是独一无二的。

现在的借记卡大多都有各种功能,其中的代收代付业务,主要有:代发工资(劳务费),代收各类公用事业费,如水、电、煤气、电话费,代收保费等,由此给持卡人带来了极大的便利。善用借记卡可以省去很多过去需要亲自跑腿的烦琐事情，既安全又省时间。

另外，不同银行发行的借记卡还具有很多自己很有特色的理财功能。例如，交通银行太平洋借记卡，除了购物消费、代发工资、代收缴费用、ATM取现等基本功能，还具有理财通、消费通、全国通、国际通、缴费通、银证通、一线通、网银通、银信通等一些特殊功能。再如，北京银行京卡储蓄卡，除了普通提款转账、代收代缴之外，还可代办电话挂号业务。

对于功能的需求倾向，决定了你要保留哪些必要的借记卡。

信用卡也是银行卡组合中很重要的内容，因为可以"先消费，后还款"，所以可以成为理财中很好的帮手。另外，信用卡可以有很详细的消费记录，这样你每个月就可以在收到银行寄来的或者网上查询的对账单时，知道自己的钱用在了什么地方，这也有助于你形成更好的消费习惯。

2."减肥"原则

(1) 你应根据自己的实际用卡情况，综合比较，选择一张最适合自己的银行卡。如果你经常出国，那么一张双币种的信用卡就是你的首选；如果你工作固定，外出的机会少，那么适合申请一张功能多样、服务周到的银行卡；如果你是个成天挂在网上的"网虫"，不爱出门，习惯一切在网上搞定，那么一家网上银行的银行卡正好适合你！

(2) 一卡多用。不少人把手中的购房还贷借记卡只作为还贷专卡使用，实际上是资源浪费，完全可以注册为在线银行客户，买卖基金、炒股炒汇、代缴公用事业费等功能都可以实现，出门消费也可以刷卡。无论是投资还是消费，每月还贷日保证卡内有足够余额即可。

3. 清理"睡眠卡"

仅用来存取款的银行卡没有留的必要，只有存取款需求的人，开张活期存折就可以了，因为功能单一，活期存折不收取费用。

4. 把事情交给同一家银行

申请信用卡时，可以选择自己的代发工资银行，这样就可用代发工资卡办理自动还款，省心又省力；水、电、煤气的扣缴，就交给办理房贷的银行，这样你每个月的固定支出凭一张对账单就一目了然了。

5. 不要造成信用额度膨胀

信用卡最大的特点是可透支消费，而且年费比较贵。但如果你手中有若干张信用卡，那么总的信用额度就会超过合理的范围，造成年费的浪费，并有可能产生负债过多的后果。所以，使用一张、最多两张信用卡已经足够。当消费水平提高，信用额度不够用时，可以向发卡行申请提高信用额度，或者换信用额度更高的信用卡。

信用卡越多，你的压力越大，你会无休止地为信用卡担心。给信用卡"减减肥"吧，这样好处多多。如果只有一张信用卡，生活岂不是轻松很多？

>>> 编者手记 <<<

不要在任何冲动的情况下使用信用卡，有第一次就有第二次，当信用卡上的债务积少成多，自己要应付的状况会很麻烦。发挥信用卡的优势是在计划消费的前提下，信用卡不会纵容任何人挥霍无度。

信用卡的使用要在计划内，可以是一个月内的各项固定支出。但当一件自己非常喜欢的物品出现时，要量入为出，计算好这次刷卡后，到还款期的时候，不要扰乱自己日后所有的生活。

※忠告5 借钱生钱不可信

"即使在只有1美元的时候，我也不去借钱。"

在这个号召"花明天的钱圆今天的梦"的时代里，如果突然又有人跟你讲，"最好不要过借钱的生活"，你一定会嗤之以鼻。可以说，我们有这样的反应也是在常理之中，现在社会宣扬享受生活，即便没钱也不能耽误自己享受生活。事实上，消费者、企业以至国家的债务问题都是财政上致命的"癌症"，它来势凶猛，而且扩散得很快。

有些人借钱不是为了消费，他们试图借钱生钱，把借来的钱拿去投资，想赚取更多的资金。这样的想法看似聪明，其实风险很大。没有人能保证每一笔生意都赚钱，如果没能赚到钱，本金也损失了，这么一个财务大窟窿如何去填补呢？最终的结果，是成为债务的奴仆。巴菲特是理财高手，他不论是发家之前还是发家之后，都没有做过用借来的钱去赚钱这种事情。

巴菲特告诉孩子们，无论何时都不要动借账的念头。他自己在经营公司的时候也秉持这个理念，因为他觉得，即使是为了投资来借钱，也是风险很大的。

巴菲特在1987年给股东的信中写道："在年度结束后不久，伯克希尔发行了两期的债券，总共的金额是2.5亿美元，到期日皆为2018年并且会从1999年开始慢慢分期由偿债基金赎回，包含发行成本在内，平均的资金成本约在10%上下，负责这次发行债券的投资银行就是所罗门，他们提供了绝佳的服务。

"尽管我们对于通货膨胀抱持悲观的看法，我们对于举债的兴趣还是相当有限的，虽然可以肯定的是伯克希尔靠提高举债来增加投资报酬，即使这样做我们的负债比例还是相当保守，就算如此，我们也有信心应该可以应付比1930经济大萧条更坏的经济环境。

"但我们还是不愿意接受这种大概没有问题的做法，我们要的是百分之百的确定，因此我们坚持一项政策，那就是不管是举债或是其他任何方面，我们希望能够在最坏的情况下得到合理的结果，而不是预期在乐观的情况下，得到很好的利益。

"只要是好公司或是好的投资决策，不靠投资杠杆，最后还是能够得到令人满意的结果，因此我们认为为了一点额外的报酬，将重要的东西（也包含政策制定者与员工福祉）暴露在不必要的风险之下是相当愚蠢且不适当的。"

格雷厄姆认为，意图比外在表现更能确定购买证券是投资还是投机。借钱去买证券并希望快速挣钱的决策不管他买的是债券还是股票都是投机。所以即使在通货膨胀的情况下，巴菲特还是尽量避免负债。因为巴菲特认为，一个真正优秀的公司是不需要借钱的。

1987年，美国《财富》杂志的研究结果证明了巴菲特这一观点的正确性。研究结果表明，从1977年到1986年十年时间里，在美国总计1000家的上市企业中，只有25家公司在这10年间平均股东权益报酬率达到了20%，并且没有一年低于15%。这些优秀企业的股票表现同样出色，其中有24家股票指数都超过了普尔500指数。《财富》杂志里列出的500强企业都有一个共同点：它们运用的财务杠杆非常小，这和他们雄厚的支付能力相比显得非常微不足道。而且在这些优秀企业中，除了少数几家是高科技公司和制药公司外，大多数公司的产业都非常普通，目前它们销售的产品和10年前并无两样。

在巴菲特看来，负债率低还有一个好处，就是利息支出也低。利息支出指的是公司在当期为债务所支付的利息。由于它与公司的生产和销售过程没有直接联系，所以它被称为财务成本，而不是运营成本。利息支出通常可以反映公司负债的多少。负债越多的公司，其利息支出越多。

对于大多数制造业和零售企业来说，想要得到丰厚的利润，利息支出越少越好。利息支出过多，会直接吞噬公司的净利润，直接损害企业所有者的利益。尽管有些公司赚取的利息可能比其支付的利息要多，如银行，但对于大多数制造商和零售企业而言，利息支出远远大于利息所得。

1987年，伯克希尔公司本公司的净值增加了4.64亿美元，较去年增加了19.5%。而费区海默西服、水牛城报纸、内布拉斯加家具、寇比吸尘器、史考特飞兹集团、时思糖果公司与世界百科全书公司七家公司在1987年的税前利润高达1.8亿美元。如果单独看这个利润，你会觉得没有什么了不起。但如果你知道他们是利用多少资金就达到这么好的业绩时，你就会对他们佩服得五体投地。这七家公司的负债比例都非常低。去年的利息费用一共只有200万美元，所以合计税前获利1.78亿美元。若把这七家公司视作一个公司，则税后净利润约为1亿美元，股东权益投资报酬率将高达57%。这是一个非常令人惊艳的成绩。即使在那些财务杠杆很高的公司，你也找不到这么高的股东权益投资报酬率。在全美500大制造业与500大服务业中，只有六家公司过去十年的股东权益报酬率超过30%，最高的一家也不过只有40.2%。正是由于这些公司极低的负债率，才使得他们的业绩如此诱人。

在寻找新的投资项目时，巴菲特发现，越是具有持续竞争优势的公司，其利息支出所占营业收入的比例反而越小。像可口可乐公司每年的利息支出仅占营业收入的8%；箭牌公司的利息支出仅占7%；波仙珠宝公司没有负债，利息支出为零。

因此，巴菲特在此总结出一个经验——利息支出比例可以当作衡量同一行业内公司的竞争优势的标准。通常利息支出越少的公司，其经营状况越好。就航空业来说，美西南航空公司一直处于赢利状态，其利息支出为营业收入的9%；而濒临破产的美联合航空公司，其利息支出占营业收入的61%；而另一个经营困难的美国航空公司（巴菲特在1995年致股东函里提到的信誉不好的公司），其利息支出占营业收入的比例竟然高达92%。

很多人觉得运用财务杠杆是谋求公司长远的发展必经之路，即使付出较多利息也是在所难免的。但巴菲特不这么觉得。巴菲特认为，如果利息支出比例过高，就很有可能导致一个公司的破产或者倒闭。

贝尔斯登银行就是一个例子。2006年，贝尔斯登银行的资产负债表显示该年利息支出占营业收入的70%，但到了2007年年末，其利息支出已经高达营业收入的230%。即便贝尔斯登把公司所有的营业收入都用来支付利息，也不足以填补这么大的缺口。最终这个曾经辉煌一时，股价高达170美元的银行在2008年被摩根银行以每股10美元的价格收购。

还有个特别典型的例子。美国有家电视台使用很高的财务杠杆，每年需要支付的利息高达其年平均利润的5倍。也就是说，排除电视台运营需要花费的人工、资金和服务等一切成本，那家电视台营运5年才能够支付1年的利息。试想,如果企业走到了这步田地,除了倒闭还能有什么办法呢?

由此可见,借钱生钱的说法只是一个传说,借钱,尤其是持续不断地借钱,非但不会生钱,还会深陷债务泥潭。

在生活中,我们尤其要注意债务问题。旧约箴言有一句话:"富人主宰穷人,债务人是债权人的奴仆。"有些消费者已经成为金融机构的奴仆。随着信用卡市场的扩张、转移,我们在不该借钱时,也借了钱。如此多的人向我们推销信用卡,以至于我们都有一大堆信用卡,这意味着我们在借钱。我们借钱并不是因为条件对我们有利,而是因为太方便了。还有房产贷款,我们买房子是为了让生活过得更有滋味,可是真的按揭买房时,才发现贷款是一件多么苦恼的事情。最可怕的还是汽车贷款,贷款期限越长,汽车价下降幅度越大,你就越可能陷入尴尬。多数汽车贷款时间较长,实际付的利息比开始预定得多。而且,购车不像买日用品,所以你还得再有额外开销。你不应该借钱买车。用现金买车并不像你所想象的那么难,每个月存点钱,用不了多久,你就可以开车到你想去的地方。不借钱买车、不租车,也用不着拆东墙补西墙地还钱,你可以自由地开着你买的车到处逛。没有心理负担,只有快乐和自豪。

多数人不知道欠贷款的意义,如果你不还余款额,由于这是你的个人责任,所以贷款人会起诉你,而且他们会胜诉。你仍然不能还钱,而银行胜诉后,他们会要求法院强制执行裁决。也就是说,他们将拍卖你的财产，直至余额还清。他们会查封你的存款和账户，扣押你的工资，还会到你的家里拿走包括婴儿床在内的家具，然后把它们卖掉以抵你的余额。那时，你就真正地意识到债务人是债权人的奴仆了。

>>> 编者手记 <<<

现在的报纸、杂志或者电视等传媒工具，对于白领、金领或者"小资中产"的生活方式都非常推崇，我们的媒体总会在大众对某个词"视觉疲劳"的时候，适时推出新的流行名词。

各种宣传都让我们对高消费产生巨大欲望，而银行推出的信贷也为我们的超前消费创造了很多便利条件。但是在尽情享受的同时，我们必须控制好自己的信贷规模，量力而行，否则，超前消费成为过度消费可能使人不得不终生为银行打工。

※忠告6　在自己能力范围内生活

"在如何花钱、如何支配财富方面，我从来不听取别人的意见，这也正是我不会在这个话题上对别人说三道四的原因。"

周末下午的聚会上，女儿苏茜的一位朋友让大家眼前一亮：她身穿一件带亮片的无袖背心，配上一条花格裙，脚蹬一双小短靴，左手套着几圈亮晶晶的手环。这套简单耐看的行头朋友们估算恐怕要花近千块，而实际上，她只花了不到100美元。无袖背心是在一家超市打折时买的，只花了5美元；花格裙也是二手店里淘来的，和店主划了划价30美元就搞定了；小短靴则是百货商店的反季销售品，自然也贵不到哪里去。

这位女孩并不富有，但是她在朋友们中间显得那么坦然。她不因为自己不够富有而自卑，或者选择咬牙花钱买一些奢侈品装扮自己。她有自己的生活品位，她说："我会在自己的能力范围内生活。"这话让苏茜生出亲切感，类似的意思她的父亲也表达过。巴菲特从来不鼓励儿女奢侈浪费，他会让他们买自己能力范围内的物品。

这样的年轻人在如今的中国也并不少见，他们经历了大张旗鼓地买名牌穿名牌的奢侈消费时代后，逐步倾向于在风险不大的开销上能省则省，比如买袜子或小饰品，毕竟这些都是某一阶段的消耗品。爱美的女孩们很多衣物都是从街边的廉价小店里淘来的，她们会说："我买的上衣通常就五六十块，加在一起有几十件。"

不过，他们并不是所有开销都这么节省。偶尔也会大手大脚一把：买一个专业的相机玩摄影，养一条纯种的猎犬，有空时出去旅行，女孩还会在精力疲倦的时候花钱去美容店做个脸部美容——这些全是奢侈消费。但他们觉得，为它们花的每一分钱都很值得。

对于二十几岁的年轻人来说，需要用各种方式排解压力，花钱成了其中最常见有效的一种。你是否也经常在导购的游说下冲动购物，在花钱时莫名兴奋，可是买回来大堆的衣服、球鞋却怎么看怎么不值，然后大呼："上当了！"

然而，并不是所有的年轻人都在花钱的时候丧失理性。尤其在近几年的金融危机的催生影响下，一种叫作"新节俭主义"的生活理念开始风靡。

"新节俭主义"一族宣称：不拒绝消费但拒绝浪费，不勒紧裤腰带省钱，而是用头脑选择更好的方式花钱。

"新节俭主义"的流行催生了网络"账客"一族，即在相关网站注册设置个人账本，记录每天的收入和支出，相互交流理财和省钱之道。

在中国账客、财客在线等网站，许多网友的消费记录被滚动播出，随时更新，账目分类包括餐饮、服装、家电、百货等。为了登记每一笔支出，一些"账客"甚至把公交费、公厕费等也分列出来。据了解，作为中国成立最早的一家记账网站，财客在线2007年拥有用户5万人左右，到了2008年一下子猛增至20多万人，这些人主要是25～35岁的都市白领。

除了精打细算、网络记账外，新节俭主义提倡的省钱之道还包括网购、DIY、使用优惠券、物物交换互换等。在许多年轻人看来，这些消费方式不仅是认真理财、理性消费的手段，还代表着一种新的生活时尚。

和身处风口浪尖的"月光族"相比，新节俭主义者们是一群真正精明、智慧、对自己负责的消费者。"新节俭一族"收放自如地支配着自己的收入，让有限的金钱最大限度和最大范围地满足各种需要，更理性的消费观念让我们意识到商品的外在价值和身份的象征意义并不是最重要的，而自身的感受和满意度才是硬道理。

聪明人懂得如何用少量的金钱营造出尽量多的幸福感，懂得选择自己的消费方式和生活方式。在物欲社会的喧哗和浮躁中，我们应尽量减少和避免浪费时间与金钱，而更理性地紧随"新节俭一族"的步伐，过简单有品质的生活。因为有收支平衡做保障，所以"新节俭一族"过上了有品质又安稳的生活。生活中的大多数人，都像是提着两个水桶走路的旅者，任何一个水桶倾斜了，都不是很好的事情，尤其是当那个倾斜较明显的桶上标示着"支出"两个字时。

别过早贪图奢侈的生活。对于任何一个人，舒适的生活都是人们奋斗的重要目标。如今，人们的消费理由早已不是"需要"，而是生活品质和生活质量。于是，房贷、车贷一一推出，越来越多的人乐于用明天的钱住今天的房间、开今天的轿车。

请记住：财政上的压力消除叫作"把钱留在银行里"或"积极的现金流通"。所以，在考虑买房、购车之类的重大举动时，最好预算充分，不要有了房子和车子，却饿了肚子。

重点计算：在满足其他消费项目后，才可以考虑房贷、车贷或其他大宗需要贷款的消费项目，这样能够保证基本的生活质量不下降。也就是说，在购买房、车之前，要计算清楚每个月需要偿还的金额是多少，这个数字一定是满足其他需要之后的款项。

德国著名的理财专家舍费尔在其著作《七年成为百万富翁》里，就强调处理债务最重要的是"五五法则"。根据这个法则，债务支出不能超过每月可自由支配金额的50%。这样既能保证手头有宽裕的资金可供支配，又不必为了偿还债务而陷入"拆东墙补西墙"的恶性循环。

花钱享受生活并不是坏事，花自己能力之外的钱享受生活性质就不一样了。一时一日的"潇洒"消费并不是明智之举，量入为出、合理消费才是平稳生活之道。

>>> 编者手记 <<<

我们都知道中国老太太和美国老太太买房的故事：中国老太太攒钱买房，节衣缩食地把房钱攒够了，老太太还没等住上新房就死了。而美国老太太是贷款买房，早早地就住上了新房，等死的时候贷款刚好还完。

以前，大家都用这样的故事来说服自己和别人"花明天的钱圆今天的梦"。今天，贷款买房、贷款装修、贷款买车，透支消费成了人们习以为常的事。银行更是鼓励这种行为，欢迎人们养成这种消费习惯。没几年时间，"花明天的钱圆今天的梦"这一理念已经深入人心了。

可是现在,美国人开始用中国老太太买房的故事来鞭策自己。原来,"美国老太太"在没来得及还完贷款时就赶上了次贷危机,这时"中国老太太"却可以毫无负担地过着自己的小日子。

图书在版编目（CIP）数据

巴菲特给儿女的一生忠告 / 范毅然编著 . -- 长春：吉林文史出版社，2019.3（2025.6 重印）
ISBN 978-7-5472-5942-9

Ⅰ．①巴… Ⅱ．①范… Ⅲ．①家庭教育—经验—美国 Ⅳ．① G789.712

中国版本图书馆 CIP 数据核字 (2019) 第 028496 号

巴菲特给儿女的一生忠告
BAFEITE GEI ERNV DE YISHENG ZHONGGAO

编　　著：	范毅然
责任编辑：	孙建军　董　芳
出版发行：	吉林文史出版社有限责任公司（长春市福祉大路 5788 号出版集团 A 座）
	www.jlws.com.cn
印　　刷：	三河市华成印务有限公司
版　　次：	2019 年 3 月第 1 版　2025 年 6 月第 18 次印刷
开　　本：	145mm×210mm　1/32
印　　张：	8 印张
字　　数：	183 千字
书　　号：	ISBN 978-7-5472-5942-9
定　　价：	38.00 元